青岛市社科联社会科学普及图书项目文丛

总主编　佟宝军

礼在你身边

谢建宏　编著

司海英　绘图

中国海洋大学出版社

·青岛·

图书在版编目(CIP)数据

礼在你身边 / 谢建宏编著；司海英绘图. 一青岛：
中国海洋大学出版社，2017.8
ISBN 978-7-5670-1525-8

Ⅰ.①礼… Ⅱ.①谢…②司… Ⅲ.①礼仪一通俗
读物 Ⅳ.①K891.26-49

中国版本图书馆 CIP 数据核字(2017)第 186449 号

出版发行	中国海洋大学出版社
社　　址	青岛市香港东路 23 号　　　　邮政编码　266071
出 版 人	杨立敏
网　　址	http://www.ouc-press.com
电子信箱	coupljz@126.com
订购电话	0532－82032573(传真)
责任编辑	于德荣　　　　　　　　　电　　话　0532－85902505
印　　制	青岛海蓝印刷有限责任公司
版　　次	2017 年 9 月第 1 版
印　　次	2017 年 9 月第 1 次印刷
成品尺寸	170 mm×240 mm
印　　张	9.5
字　　数	165 千
印　　数	1～1000
定　　价	38.00 元

发现印装质量问题，请致电15820082516，由印刷厂负责调换。

青岛市社科联社会科学普及图书项目文丛

编 委 会

序

　　哲学社会科学是人们认识世界和改造世界的重要工具,是推动历史发展和进步的重要力量,承担着认识世界、传承文明、创新理论、咨政育人、服务社会的重要作用。哲学社会科学事业的发展,哲学社会科学作用的充分发挥,不仅有赖于哲学社会科学研究的深入,而且有赖于哲学社会科学知识的宣传普及。哲学社会科学知识普及是哲学社会科学事业的重要组成部分,是推进马克思主义大众化,宣传社会主义核心价值观的重要途径,同时也是哲学社会科学推动经济社会发展的重要环节,更是提升公众人文素养,提升一个城市、一个地区发展软实力的重要手段。

　　近年来,在中共青岛市委、青岛市政府的领导下,在山东省社科联的指导下,在青岛市委宣传部的带领下,青岛市社科联的社会科学普及工作取得了突破性的发展。市社科联建立了与区市、高校、研究机构、学会、协会、研究会、媒体、基层社区等联合协作的工作机制;创立了社科普及周、社科普及教育基地、社科知识大讲堂等工作抓手和品牌;利用各种生动新颖、通俗易懂的方式方法,推动了科学知识、科学方法、科学思想的普及和传播,弘扬社会主义核心价值观,倡导健康文明的生活方式。

　　《山东省社会科学普及条例》自 2014 年 10 月 1 日施行以来,青岛市社科联在出版社会科学普及读物方面进行了探索。为推动和鼓励青岛市社科界专家学者参与社会科学普及工作,为社会公众提供社科普及读物,2014 年 10 月,青岛市社科联开展了首次社科普及图书项目的申报工作,得到了各级党委、政府和社会各界的广泛关注和充分肯定,得到了广大社会科学工作者的热烈响应,体现了社会科学工作者对普及社科知识,提升人文素养这项公益事业的热心、热爱。按照既有可读性,又不失专业性;既有普及传播价值,又体现青岛特色的要求,经过专家评审,《法在你身边》《帆船文化与帆船运动》获得 2014 年度青岛市社科普及图书项目立项,《礼在你身边》《微定律——100 个经济学中的成功法则》《青岛与"海上丝绸之路"》和《〈山东半岛蓝色经济 100 问〉通俗读本》获得 2016 年度青岛市社科普及图书项目立项,由中国海洋大学出版社和青岛出版社陆续出版。

《山东省社会科学普及条例》明确提出,社会科学普及属于公益性事业。组织、支持和参与社会科学普及活动是全社会的共同责任。我们衷心希望,以青岛首批社科普及图书付梓为契机,越来越多的社会各界有识之士能够参与到青岛市社科普及工作中来,共同为宣传普及社会主义核心价值观、提高公众人文素养、增强青岛发展的软实力作出应有的贡献。

青岛市社会科学界联合会
2017 年 9 月

前　言

　　崇尚文明礼仪是中华民族的优良传统,也是现代社会公民必备的基本素质和精神追求。中国有几千年的文化传承,形成了一套完善的礼仪文化体系,享有"礼仪之邦"的美誉。礼仪是人们在社会交往中普遍遵循的文明行为准则或规范的总和。它是礼貌、礼节、仪表、仪式等的统称。礼貌是指人们在相互交往中表示尊重、友好的行为准则;礼节是指人们在社会交往中表示敬意、问候、祝福等惯用的形式;仪表是指人的容貌、姿态、风度等外在表现,是礼仪在个人形象方面的体现;仪式是指特定场合按特定程序和方式表达礼貌、礼节的活动。作为社会生活的"通用语言",文明礼仪重视小节,以小见大,从握手到称呼,从出行到购物,从着装到用餐,从使用电话到网络交流,从走亲访友到接待外宾,从窗口服务到教书育人,都能反映公民的文明素养,体现社会的文明程度。

　　孔子曰:"兴于诗,立于礼,成于乐。"孟子也说过:"敬人者,人恒敬之,爱人者,人恒爱之。"文明礼仪是精神文明的重要内容,是一个人道德品质的外在表现,是衡量一个人教育程度的标尺,文明礼仪养成教育不仅是个体道德、品质和个性形成的基础教育,也是提高全民族道德素质、振兴民族精神及建设社会主义精神文明的基础教育。在现代人与人交往和合作过程中,礼仪是否周全,不仅显示其修养,而且直接影响到人际关系、事业的成功。随着时代的发展,人们的精神追求越来越高,人人都在寻求一种充满友爱、真诚、理解、互助的、温馨的和谐生存环境,寻求充满文明与友善,真诚与安宁的空间。

　　近年来青岛城市人口迅速增加,市民和新的社区群体快速增长,新一代青少年大多缺失家庭传统礼仪教育,对中华传统礼仪文化比较陌生。不会尊重他人,不礼让、不礼貌,在社会上不懂得称呼他人,甚至满口粗言,与人为善、礼尚往来等美德在相当数量的青少年身上正在弱化,这些现象不得不引起我们的深思。再加上经济的快速增长,社会道德和价值观的良莠不齐,不文明现象层出不穷,国人出境游不文明行为屡屡被报道,严重损害了城市和国家形象。

　　什么是中国特色的文明礼仪？对待中国的传统礼仪应该以何种态度来学习和实践？中国特色的文明礼仪核心是什么？中华文明礼仪和西方文明礼仪实践中矛盾时应该如何取舍？目前礼仪文化教育存在一些误区，一方面是礼仪教育的主体，例如，家庭、学校和社会礼仪培训机构在礼仪文化教育方面注重"仪"的训练，缺少"礼"的传承和正确引导，尤其是把西方的礼仪文化当成中华传统礼仪文化不加区分的灌输给受教育对象；另外一方面是礼仪教育的客体，也就是礼仪文化的学习者，目前社会礼仪文化教育的书籍良莠不齐，全盘西化的"拿来主义"和一味追求传统礼仪不与时俱进都不是适当的学习途径。中国礼仪文化讲究"长幼有序"和西方礼仪文化的"女士优先"有着截然不同的文化背景，中国礼仪文化的核心理念就是"敬"，比西方礼仪强调的"尊重"更加富有文化内涵。礼仪文化中的优秀养分不分时间和国界，既是中国的也是世界的。一个合格的现代公民，应该具有高雅、得体、大方、文明的修养，应该具有文明行为、文明习惯、文明语言、文明服饰、礼貌修养乃至良好的心理品质和道德修养。因此，传承中华传统礼仪文化，做到"古为今用"，并借鉴西方礼仪文化达到"洋为中用"，打造适合中国特色的现代礼仪文化，是礼仪研究者亟待解决的课题。

　　创造文明和谐的社会生活，需要人们"知礼"、"明礼"、"习礼"进而"达礼"，既展现自我的修养，又体现对他人的尊重。构建和谐社会，建设美好家园，是每个市民的美好愿望和共同责任。推广普及文明礼仪文化，需要全体市民的热情参与。文明礼仪的养成，重在宣传教育，贵在身体力行。学习实践礼仪，一要注重道德修养，二要注重实践养成，三要注重行为示范。礼仪是人的内在道德修养的外在表现，只有修于内方能行于外，缺乏道德修养，不可能真诚自觉、表里如一地体现礼仪要求。作为一个现代公民，要自觉树立社会主义荣辱观，加强爱国、敬业、诚信、友善等道德规范的修养，不断提高自身的道德素质，把公民基本道德规范融入日常工作、学习和生活之中，学会知书达礼，待人以礼，努力做一个讲文明、懂礼仪、有素养的现代公民。礼仪强调知与行的统一，自觉、系统地学习礼仪，礼仪无处不在，无时不有，践行礼仪不可能一蹴而就，必须立足日常、注重细节，时时习礼、处处用礼，坚持不懈、持之以恒，日积月累、久久为功。学习礼仪还要特别重视其示范效应，社会交往中个人的言行举止、仪容仪表生动具体地传播着文明礼仪规范，潜移默化地影响着身边的每一个人。现代社会的每一位公民，都有责任有义务强化礼仪意识，人人争当传递文明的使者，展现当代市民的精神风貌。

　　为切实推进文明礼仪普及教育活动，规范和引导公民文明行为，增强文明意识,弘扬文明新风,促进社会文明进步,作者编著的面向广大市民的《礼在你身边》一书,入选了青岛市社会科学界联合会社会科学普及图书资助项目。全书采用通俗易懂的文字配合漫画的形式,较为系统地阐述了文明礼仪的基本原则,介绍了市民在个人形象、家庭生活、公共场所、职业服务、人际关系、人生礼俗、涉外交往等方面的礼仪规范。全书深入浅出,涵盖面广,信息密集,融适用性、可读性、知识性于一体,可以满足不同文化层次市民的阅读需求。期望本书引导广大市民学习礼仪知识,践行礼仪规范,提升文明素质,从我做起,从现在做起,从小处做起,形成人人学礼仪知识、个个树文明形象的社会风尚,为构建和谐青岛,感受一份快乐,作出一份贡献!

目　录

礼仪概述

个人形象礼仪

公共礼仪

职场礼仪

交际礼仪

家庭礼仪

人生礼俗

涉外礼仪

常用英语 100 句

附　录

礼仪概述

人无礼则不生,事无礼则不成,国无礼则不宁。中国素以"礼仪之邦"而闻名,讲"礼"重"仪"是中华民族世代沿袭的传统,源远流长的礼仪文化是先人留给后人的一笔宝贵财富。"国尚礼则国昌,家尚礼则家大,身尚礼则身正,心尚礼则心泰。"礼仪使我们的社会生活更有秩序,使人际关系更为和谐。礼仪不仅是社会生活的要求,也是一个人甚至一个民族文明程度的体现。在漫长的人类历史长河中,礼仪的内容和形式一直在发生着变化,但它始终是人类社会生活不可缺少的要素之一。

一、礼仪起源

(一)中华礼仪起源

礼乐传统是中华优秀文化的主要构成部分,早在夏、商、周三代尤其西周时期,礼乐精神就影响到了典章制度与道德规范的各个方面。孔子说"礼者,理也",君子"无礼不动",又说"不学礼,无以立",主张通过礼来端正世道人心,维护社会秩序,以达到德政礼治的理想境界。《左传》曰:"礼者,天之经也,地之义也,民之行也。"所以,礼是经天纬地之法则,按照去做,身体力行,就会在人情往来中领悟道之体和道之用。几千年来,礼乐文化奠定了中华文化的基本面貌,成为炎黄子孙的生命底色。

中华礼仪源远流长,《周礼》《仪礼》《礼记》三部经典巨著承载了灿烂的礼仪文明。我国以"礼仪之邦"著称,在大力弘扬祖国优秀传统文化,践行社会主义核心价值观的今天,大力弘扬与传承中华礼仪文明十分必

图 1-1　中国家庭礼仪表现之一:长幼有序

要！2013年11月26日,习近平总书记视察曲阜时在孔子研究院举行座谈会,特别强调了传播礼仪文化的重要性,指出要与时俱进,注意总结完善,要有社会融入性、时代性,力求实际效果。因此,响应习总书记"建立和规范一些礼仪制度"的号召,通过弘扬正确的礼仪文明,紧扣时代脉搏,增强人文关怀,传播主流价值,把文明礼仪内化于心、外化无形,一定会为当前文化重建与社会发展贡献应有力量。

(二)西方礼仪起源

英语中的"礼仪"一词"Etiquette"是由法语演变而来的。法语原意是指"法庭上的通行证",用来发给进入法庭的每一个人,上面写有进入法庭时应遵守的事项,作为人进入法庭后的行为准则。后来,其他场合也都制定了相应的行为规则,这些规则由繁而简,形成体系,逐渐得到人们的公认,成为共同遵守的礼仪规范。

图1-2　在西方,礼仪的原意是"法庭上的通行证"

二、礼仪文化

礼仪是现代社会文明进步的标志。随着我国经济文化的发展,注重礼仪成为人们的一种共识。讲礼貌、懂礼节是衡量一个国家和民族文明程度的重要尺度,也是一个人道德修养水平的体现。

(一)礼仪

礼仪是一个复合词,由"礼"和"仪"两部分组成。

"礼"在中国伦理思想史上是一个十分重要的道德范畴和伦理概念。据许慎的《说文解字》解释:"礼,履也,所以祀神致福也。"即"礼"的本意是敬神。《辞海》对"礼"的注释有三:①本谓敬神,引申为表示敬意的通称;②表示敬意或表示隆重举行的仪式;③泛指奴隶社会或封建社会贵族等级制的社会规范和道德规范。后人把"礼"引申为礼貌、礼节,作为人际交往的一种沟通手段,它包含人与人之间要互尊、互敬、互爱的意思。

按《辞源》解释,"仪"有两层含义,一是指仪容仪表,如《诗经·大雅》所言:

"令仪令色,小心翼翼。"二是指法度、标准,如《国语·周语下》中所说:"度之于轨仪。"《淮南子·修务训》中说:"设仪立度,可以为法则。"礼仪后来演绎为一种手段和制度,并且有专门的行政部门,如礼部等。《礼记》认为:"道德仁义,非礼不成;教训正俗,非礼不备;分争辨讼,非礼不决;君臣上下,父子兄弟,非礼不定;宦学事师,非礼不亲;班朝治军,莅官行法,非礼威严不行;祷祠祭祀,供给鬼神,非礼不诚不庄。"这深入浅出地说明了"礼"与道德修养、导民治国、社会交往的关系。

由此可见,礼仪是指在社会交往中,人与人之间为了表示尊重而约定俗成的、共同遵循的行为规范和交往程序。礼仪既可以指在较大、较正规场合隆重举行的各种仪式,也可以泛指人们在社交活动中的礼貌礼节。

(二)礼貌与礼节

1.礼貌

礼貌是指人们在日常交往中,相互表示敬重和友好的品质和行为。礼貌体现了时代的风尚和道德规范,体现了人们的文化层次和文明修养。礼貌总是在一个人待人接物中,通过仪表、仪容、仪态及谈吐等体现出来。礼貌是文明行为的基本要求,是维护社会生活正常秩序的客观条件。在日常社会生活中,人与人之间总是难免发生这样或那样的矛盾,如果能够讲究礼貌、相互尊重、相互谅解,矛盾就容易得到化解,生活就会充满友好和温馨。

在不同的国家不同的民族,处于不同的时代和不同的行为环境中,表达礼貌的形式会有所不同,但在相互尊重、友好相处这一点上却是相同的,在诚恳、谦恭、和善、适度的要求上也是一致的。如果一个人衣冠不整、出言不逊、冷漠自负、动作粗俗,就是对他人的不尊重,就是不礼貌。礼貌应当是一个人良好道德品质的真实体现,对人的尊重友好必须是发自内心的,表面虚伪的客套不是礼貌。讲礼貌应当做到彬彬有礼、落落大方,热情过度、过分殷勤、低声下气,并不见得是礼貌。

2.礼节

礼节是人们在交往中相互表示问候、致意、祝愿等的惯用规则和形式。礼节是表示对他人尊重与友好的外在行为规范,是礼貌在语言、行为、仪态等方面的具体体现。与礼貌相比,礼节处在表层,礼节总是表现为一定的动作、行为。但这并不是说,礼节仅仅是一种表面形式,而应该说,尊重他人的内在品质总是通过一定的形式才能表现出来。比如,尊重师长,可以通过见到长辈和教师问安行礼的礼节来体现;欢迎他人的到来,可以通过见到客人时起立、握手等礼节来表示;得到别人帮助,可以说声谢谢来表示感激的心情。借助这些礼节,对他人尊重与友好的礼貌得到了适当的表达。不懂得礼节,在与他人交往时,心中虽有对他人尊重的愿望却表达不出。因此,礼节不单纯是表面上的动作,而是一个人尊重他人的内在品质的外化。

礼貌、礼节和礼仪都是人们在相互交往中表示尊重、友好的行为,三者是相互联系、相辅相成的。从本质上说,三者是一致的,但又各有其自身的特殊含义和要求。

如果说礼貌侧重于强调个人的道德品质,那么礼节侧重于强调的是这种品质的外在表现形式。有礼貌而不懂礼节就容易失礼,虽有对他人尊敬友好的心意,却不知如何去表达,就会在与他人交往时出现尴尬、紧张和手足无措等情况。不懂礼貌,只学些表面的礼节形式,就难免机械模仿、故作姿态,让人感到虚情假意。因此,讲礼貌懂礼节应当是内在品质与外在形式的统一。而礼仪的文化内涵要相对深些,它既包含礼(即礼貌、礼节)又侧重仪(即程式化了的礼仪)。

三、礼仪基本原则

(一)敬人

人们在社会交往中,要敬人之心常存,处处不可失敬于人,不可伤害他人的个人尊严,更不能侮辱对方的人格。古语云:"礼者,敬人也;敬人者,人恒敬之。"敬人就是尊敬他人,包括尊敬自己,维护个人乃至组织的形象。不可损人利己,这也是人的品格问题。

(二)宽容

人们在交际活动中运用礼仪时,既要严于律己,更要宽以待人。理解宽容就是说要豁达大度,有气量,不计较和不追究。具体表现为一种胸襟,一种容纳意识和自控能力。

(三)自律

这是礼仪的基础和出发点。学习、应用礼仪,最重要的就是要自我要求,自我约束,自我对照,自我反省,自我检查。自律就是自我约束,按照礼仪规范严格要求自己,知道自己该做什么、不该做什么?

(四)遵循

在交际应酬中,每一位参与者都应当自觉遵循礼仪要求,切实规范自己的言行举止。遵循礼仪规范,才能赢得他人的尊重,确保交际活动达到预期的目标。

(五)适度

应用礼仪时要注意把握分寸,适度得体。礼仪无论是表示尊敬还是释放热情都应施礼有"度"、分寸得当。

(六)真诚

应用礼仪时,务必诚信无欺,言行一致,表里如一。真诚就是在交际过程中做到诚实守信,不虚伪、不做作。交际活动作为人与人之间信息传递、情感交流、思想沟通的过程,如果缺乏真诚则不可能达到目的,更无法保证交际效果。

(七)从俗

由于国情、民族、文化背景的不同,交往中必须坚持"入乡随俗"、"入境问俗",与当地绝大多数人的习惯做法保持一致,切勿目中无人、自以为是。从俗就是指交往双方都应尊重对方的风俗、习惯,了解并尊重对方的禁忌,如果不注意禁忌,就会在交际中引起障碍和麻烦。

(八)平等

交往中要尊重交往对象,以礼相待,对任何交往对象都一视同仁,善解人意、礼遇有加。

四、礼仪作用

礼仪的作用概括地说,是表示人们不同地位的相互关系和调整、处理人们相互关系的手段。礼仪的作用表现在以下几个方面。

(一)尊重

向对方表示尊敬、表示敬意,同时对方也还之以礼。礼尚往来,有礼仪的交往行为,蕴含着彼此的尊敬。中国的传统礼仪其实还包含着"敬",恭敬,比尊重更加讲究"礼"。

(二)约束

礼仪作为行为规范,对人们的社会行为具有很强的约束作用。礼仪一经制定和推行,久而久之,便成为社会的习俗和社会行为规范。任何一个生活在某种礼仪习俗和规范环境中的人,都自觉或不自觉地按照礼仪自我约束,从而提高素质修养。

（三）传承

礼仪是道德的载体,礼仪修养水平越高,越能潜移默化影响他人,利于形成自觉传承、互相学习的良好风尚。

（四）调节

礼仪具有调节人际关系的作用。《论语·学而》曰:"礼之用,和为贵。"礼仪是和谐社会的润滑剂,是现代人成功之路的通行证。

个人形象礼仪

个人形象是一个人的仪表、仪态、仪容、卫生习惯等形象的综合表现,同时也是一个人的内在素质、精神面貌和文明程度的外在反映,体现着个人对他人、社会、工作、学习的态度。

一、仪表

仪表主要是指一个人的外部轮廓、容貌、表情、举止和服饰给他人的总体印象。

(一)基本要求

(1)整洁得体。衣服保持干净整洁,熨烫平整,穿着得体,纽扣齐全。

(2)搭配协调。服饰的款式、色彩、佩饰相互协调,构成整体美。不同款式、风格的服装,不宜搭配在一起。

(3)体现个性。依据个人的性格、年龄、身材、职业、爱好等要素着装,力求展现个性魅力。

(4)随境而变。着装应该随环境的不同而有所变化。同一个人在不同时间、不同地点,其着装款式、风格应该有所不同。

(5)遵守常规。例如,西装在拆除袖口上的商标后才可以穿;西装口袋不宜存放随身物件。

图 2-1　着装要得体

(二)服装选择

1. 休闲场合——舒适自然

休闲场合也叫非正式场合,其着装要求是舒适自然。可分为居家休息、健身运动、观光游览、逛街购物四种类型,其着装统称为便装。休闲时的穿着要求最低,舒适得体即可,无所拘束。

2.公务场合——庄重保守

公务场合的着装要求是庄重保守。即在公务场合着装要"正统",适合穿制服、套装,女士可穿套裙、连衣裙等。饰品佩戴也要"以少为佳",少至不戴,最多不要超过三件。

职场着装提倡的是爱岗敬业精神,一切以突出企业形象为出发点,因而着装风格多偏于保守,应尽力避免以下装束:过分杂乱、过分鲜艳、过分暴露、过分透视、过分短小、过分紧身。

图2-2 着装要注意场合

3.社交场合——时尚个性

社交场合的着装要求是讲究时尚、展现个性。正装以着礼服为特色。

男士礼服有中式男礼服和西式男礼服之分。中式男礼服主要包括中山装、民族服和唐装(带有中国元素的服装)。西式男礼服分三类,即晨礼服(普通西装)、小礼服(晚礼服)和大礼服(燕尾服)。

女士礼服的格调需依据男士礼服而定。中式女礼服主要包括旗袍、民族服和唐装(带有中国元素的服装)。西式女礼服主要分为常礼服(普通套装或连衣裙)、小礼服(小晚礼服,不拖地连衣裙)、大礼服(大晚礼服,拖地连衣裙)等。

(三)西装穿着

西装一直作为正装之一被世界青睐,下面以西装为例简要介绍正装的穿法。一套完整的西装包括上衣、西裤、衬衫、领带、腰带、袜子和皮鞋。

(1)西装、衬衫、领带的颜色以不超过三色为宜,正式场合选择深色西装。

(2)西服必须与带领的长袖衬衣相配,衬衫袖口比西服上衣袖口长出1～2厘米,衬衣领口应略高出西服领口。衬衫颜色应以白色或素色为主,一般不穿有格子或条纹的衬衫。衬衫的下摆应塞在裤子里,袖口不能卷起,领口和袖口不能有污迹和磨损的痕迹。

(3)穿西装要打领带、系腰带。领带不宜太长或太短,领带下方斜角应与腰带等高。穿"V"字形领毛、绒衫时,领带应放在毛、绒衫内。系领带时,衬衫的纽扣尤其第一个纽扣要扣好,领结要饱满,吻合处要紧凑。

(4)西装的衣袋和裤袋里,不宜放太多东西,也不宜把手随意插入衣袋和裤袋里。

(5)扣好纽扣。双排扣的西装要把纽扣全部扣上,单排扣的西装非正式场合可以不扣,但在正式场合也要扣上。单排两粒扣的西装一般只扣上面一粒,单排三粒扣的西装一般只扣上面两粒。

(6)穿西装一定要配皮鞋,且裤脚要盖住皮鞋鞋面,一般应穿与裤子和鞋子同类颜色或较深颜色的袜子,不宜穿白色袜子、彩色袜子。

(7)打领带不能过长或过短,站立时其下端触及皮带扣上沿为宜;穿着针织的套头高领衫、翻领衫和短袖衬衫均不宜打领带;在喜庆场合,领带颜色可鲜艳一些,在肃穆场合,一般系黑色或其他素色领带;在日常生活中,只穿长袖衬衣也可系领带,但衬衣下摆应塞在裤子里;选配领带,应避免条纹领带配条纹西装,花格领带配格子西装或衬衫。

(四)女士着装

女士着装应端庄得体,穿着正装应注意以下几点:

(1)上衣:上衣讲究平整挺括,饰物简单,款式大方。

(2)裙子:正式场合裙装以保守效果为佳,切忌穿着真皮或仿皮套裙。

(3)衬衫:以单色为最佳。

(4)鞋袜:鞋子应是制式鞋,切忌裸露脚趾或脚后跟。袜子应是高筒袜或连裤袜,不可出现"三截腿"(即腿、袜、裤三段)情况。

(五)制服套装

(1)要整齐。服装必须合身,袖长至手腕,裤长至脚面,裙长过膝盖,内衣不外露。不挽袖,不卷裤,不漏扣,不掉扣。工号牌或标志牌要佩戴在左胸正上方。

(2)要清洁。衣裤无污垢、无油渍、无异味,领口与袖口处要保持清洁。

(3)要挺括。衣裤不起皱,穿前要烫平,穿后要挂好,做到上衣平整、裤线笔挺。

(六)服装配色

现代服装设计的主流是雅洁、自然、简练、朴实。用色应尽力避免繁杂、零乱,做到少用色、巧用色。男士服装不宜有过多的颜色变化,以不超过三色为好。女士常用多花型面料,但色彩也不要过于堆砌。色彩过多,会显得浮艳、俗气。两种以上的色彩相配时,必须有一种是主色,并以它作为基础色,再配一、两种或几种搭配色,使整个服饰的色彩主次分明、相得益彰。

常用的服饰配色方法有以下几种。

1. 同色搭配

同色搭配就是用同一色相(明度、纯度可同、可不同)的色彩进行配色。

(1)上下或内外采用同一色相,并且明度、纯度一致,如西装、制服、套装等。这种搭配给人以统一协调、秩序井然之美。

(2)上下或内外采用同一色相,但明度、纯度不一致,如深青配天蓝、墨绿配浅绿、咖啡配米黄等。从整体上看,如穿奶黄色上衣配棕黄色裤子或裙子,脚穿奶黄色或白色皮鞋,这样的搭配可以给人以端庄、稳重、高雅的感觉。一般而言,这种搭配最好上浅下深、上明下暗。

2. 呼应搭配

呼应搭配就是服装的色彩上下呼应或内外呼应,如上穿黑底红花纹上衣,下着黑色裤(裙),配红色内衣、黑色鞋子和皮包。这样的服装色彩给人以柔和自然的感觉。一般来说,呼应主色会更好。

3. 补色搭配

补色之间是相互对抗的,如红和绿、黄与紫搭配在一起,会过于醒目、扎眼。补色之间搭配,要注意点缀和过渡,如在红衣、绿裙之间增加一条白色的腰带,就可以使两种颜色取得协调,或是红与绿加入白色,成为减红或减绿,就不会那么刺眼了。补色之间搭配还要注意面积与分量的取舍,可在大面积的一种色彩上,点缀一点其他的补色,或使用 5/8 的比例(美学定律),这样,既鲜明又不刺眼,能形成强烈的对比美。

4. 点缀搭配

点缀搭配即大面积地使用一种色彩,另外选一种色调的小面积点缀。主要指不同色性色彩间的搭配。如穿一身浅驼色的衣服,露出红色的衬衣领,这一点点红色便使整个服装的色彩活了起来,起到画龙点睛的作用。

5. 相似搭配

色彩学把色环上大约 90 度以内的邻近色称为相似色。例

图 2-3　着装颜色搭配要适宜

如,奶黄与橙、绿与蓝、绿与青紫、红与橙黄等。相似色搭配时,两个色的明度、纯度最好错开,深一点的蓝色和浅一点的绿色配在一起比较合适。若鲜绿色裙子配鲜黄色上衣,就显刺眼;若一件深绿色裙子配淡黄色上衣就好看多了。

(七)佩戴饰品

1. 项链

项链是平安、富贵的象征,要根据身材和个性特点,选择适当的款式和色彩。

项链中最流行的为金银项链、象牙项链和珍珠项链。金银项链有松齿链、串绳链、马鞭链、花式链、方丝链、双套链和三套链等,其中方丝链是最常见的款式,由金或银精制而成。这种项链的直径较细,脖子细长的人佩戴,可达到纤细柔美的装饰效果。年龄较大的女性则可选择马鞭链,以突出稳重、端庄的气质。双套链和三套链雅致美观、立体感强,少女佩戴更添风采。珠宝钻石项链高雅华丽,适合于中年女性佩戴。

选择项链还要根据不同脸型进行不同搭配。尖脸型的女性可选用细的项链,项链不宜过长,否则会显得脸更长。方脸型或圆脸型的人,体态大多比较丰满,可选用较长些的项链。

2. 耳环

耳环的种类很多,按其形状可分为两大类,一类是纽扣式耳环,一类是悬垂式耳环。耳环的花色更是多种多样,有花形、圆形、心形、梨形、三角形、方形、多棱形、大圈形、剪刀形、蛇形等。

每个人应根据自己的脸型选戴合适的耳环。脸型较大的女性不宜用圆形耳环,但可用较大一些的几何形耳环;脸型小的女性宜用中等大小的耳环,以长度不超过两厘米为宜。圆脸型的人宜戴长而下垂的方形、三角形、水滴形耳环;方脸型的人宜戴有耳坠的耳环;长脸型的人最好戴紧贴耳根的圆形耳环,以增加脸的宽度。

3. 戒指

选择戒指时要考虑适合自己的特点,与手指的形状相符。例如,手指较短小或骨节突出的女性,应戴比较细小的戒指,款式最好是非对称式的,以便分散别人对手指形状的注意力;手指修长纤细的女性,应选择粗线条的款式,如方戒、钻戒,这样可使手指显得更加秀气;手掌较大的女性,要注意戒指的分量不要过小,否则会使手掌显得更大。

在西方,以钻石戒指作为订婚信物是一种传统。戒指最好仅戴一枚,至多戴两枚。戴两枚戒指时,可戴在左手两个相连的手指上,也可戴在两只手对应的手指上。戒指的佩戴是无声的语言,能够标明您的婚姻和择偶状况。戒指戴在食指上表示求婚,戴在中指上表示已在恋爱中,戴在无名指上表示已订婚或结婚,戴在小指上则是强调自己是独身、近期不打算恋爱。

4. 手镯与手链

手镯和手链,一般只戴一种。手镯的佩戴应视手臂的形状而定。手臂较粗短的应选小细型手镯;手臂细长的则可选粗宽的款式,或多戴几只小细型来加强效果。戴手镯很有讲究,一般戴在右臂上,表明佩戴者是自由而不受约束的。如果在左臂或左、右两臂同时佩戴,表明佩戴者已经结婚。一只手上一般不能同

图 2-4　首饰搭配不宜过杂

时戴两只或两只以上的手镯和手链。在同一腕臂佩戴手镯时不应再戴手表等饰品。

5. 围巾和帽子

围巾和帽子对服装的整体美影响很大。围巾、帽子与服装风格一致,可以使整体形象更加和谐。服装色彩较暗,可以用颜色鲜艳的围巾和帽子点缀,使整个形象生动、活跃起来;服装颜色艳丽,可以用颜色素雅的帽子、围巾来平衡。以帽子为例,有如下讲究:

(1)帽子的式样要与服装相协调。如法式女礼帽与西式长裙相配,会产生一种既浪漫又高雅庄重的风度;若法式女礼帽与中式旗袍相配,就会不伦不类。

(2)帽子款式的选择要与人的脸型、体型相适应。长脸型不宜戴高帽子,而圆脸型戴顶端高帽就比较顺眼;矮个戴稍显高凸的帽子会显高,而小个子戴大帽子则会产生"小蘑菇"的滑稽感。

(3)帽子的色彩要与肤色结合考虑。肤色白的人选择余地大些;肤色较深的人则不宜戴深色帽子;肤色发黄的人最好戴深红色、咖啡色的帽子,这样可衬托一些健康色,戴白、绿、浅蓝色则会产生病态的感觉。

(4)帽子戴法不同,感觉也会不同。帽子戴得端端正正,脸部显得丰满,神

态显得庄重;帽子略微歪斜,产生的斜向线条会使人脸部略显清瘦,妩媚活泼。

(5)从礼仪角度讲,在室内场合一般不允许戴帽子,但若帽子是礼服(女子)的组成部分,则可例外。

二、仪容

仪容美主要指人的容貌美,容貌在很大程度上取决于先天条件。容貌美有天生丽质和精神气质之分,有的人天生丽质,但无精神气质,只是一尊死的雕像;有的人并不漂亮,然而气度不凡。因此,不能把容貌美绝对化。适当的容貌修饰,会使人容光焕发、充满活力,在社交中给人留下良好的印象。

(一)化妆原则

1. 扬长避短

妆饰不是把黑的抹得更黑,红的抹得更红,而是有所选择,如适当强调或渲染漂亮的部分,使之成为注目的焦点;适当掩盖或淡化有瑕疵的部分,使之隐而不露。

2. 自然真实

仪容美的最高境界是追求自然真实。化妆的浓淡要视时间、场合而定。白天在工作场合适合化淡妆,若浓妆艳抹,厚厚的粉底、重重的唇膏与周围的工作气氛不相宜,会让人感觉你工作不认真,甚至认为你不稳重。夜晚在宴会、舞会等社交场合,可使妆色浓一些,以避免皮肤在灯光照耀下显得惨淡无光、没有血色。

3. 整体配合

生活中的仪容美,以修整统一、和谐自然为准则。面部化妆就是给面部"着衣",既要注意面部各基点的配合,又要兼顾点与面的配合,以及面部与年龄、衣着、身份、气质等协调。

(二)化妆礼节

1. 不要当众化妆

一般情况下不要当着他人的面化妆,应在自己房间、洗手间或无人处化妆。当众化妆是

图2-5 不宜当众化妆

非常失礼的。

2. 不要非议他人的化妆

不要对他人的化妆品头论足。每个人都有自己的审美情趣和化妆手法,当面点评常常会令人尴尬难堪、心情不爽。

3. 不要借用他人的化妆品

化妆品很难分用与清洗,因而极易携带病菌,借用他人的化妆品既不卫生,也不礼貌。

(三)美发标准

正式场合,男士应尽力确保"前发不遮眉、后发不及领、侧发不掩耳",以示尊重。女士一般前发不遮眉,后发不过肩,正式场合应将长发盘起。

三、仪态

仪态是指人在行为中的姿势和风度。姿势是指身体所呈现的样子,风度则属于内在气质的外化。每个人总是以一定的仪态出现在他人面前,一个人的仪态包括其所有行为举止,如一举一动、一颦一笑、站立的姿势、走路的步态、说话的声调、对人的态度、面部的表情等。而这些外部的表现又是其内在品质、知识、能力等的真实流露。

(一)微笑

1. 对微笑的认识

微笑是人们对某种事物给予肯定以后的内在心理历程,是人们对美好事物表达愉悦情感的心灵外露和积极情绪的展现。微笑可以表现出对他人的理解、关心和爱,是礼貌与修养的外在表现和谦恭、友善、含蓄、自信的反映。

2. 微笑的礼仪规范

微笑的美在于文雅、适度,亲切自然,符合礼貌规范。微笑要诚恳和发自内心,做到"诚于中而形于外",切不可故作笑颜,假意奉承,做出"职业性的笑"。更不要狂笑、浪笑、奸笑、傻笑、

图 2-6　微笑要真诚

冷笑。发自内心的笑像扑面春风，能温暖人心，化除冷漠，获得理解和支持。

（二）目光

1.公务凝视区

公务凝视是在洽谈业务、贸易谈判或者磋商问题时所使用的一种凝视。这个区域是以两眼为底线、额中为上顶点形成的一个三角区。在公务交谈时，如果你看着对方的这个区域就会显得严肃认真，对方也会觉得你有诚意。

2.社交凝视区

社交凝视区是以两眼为底线、唇心为下顶点所形成的倒三角形区域，通常在社交场合使用这种凝视。当你和他人谈话时注视着对方的这个部位，能给人一种平等而轻松的感觉，营造出一种良好的社交气氛。如在茶话会、舞会或友谊聚会等场合，就适合采用这种凝视。

图 2-7　目光注视区域有讲究

3.亲密凝视区

亲密凝视是亲人、恋人之间使用的一种凝视。这个区域是从双眼到胸部之间。这种凝视往往带有亲昵和爱恋的感情色彩，一般应在关系亲密的人之间采用。

（三）眼神

眼神是面部表情的核心，是心灵的窗口。

1.对眼神的认识

心理学家认为：最能准确表达人的感情和内心活动的是眼睛和眼神。通过眼睛和眼神完全可以判断出他人的第一印象，眼神反映着他的性格和内心动向。

人们在交际场所，眼神是一种深情的、含蓄的无声语言，往

图 2-8　眼睛是心灵的窗户

往可以表达有声语言难以表现的意义和情感。人的眼睛时刻在"说话",时刻道出内心的秘密。交际时,目光接触是常见的沟通方式,但眼神却会表示不同的含义。例如,相互正视片刻表示坦诚;瞪眼相视表示敌意;斜着扫一眼表示鄙视;正视、逼视则表示命令;不住地上下打量表示挑衅;白眼表示反感;眼睛眨个不停表示疑问;双目大睁表示吃惊;眯着眼看既可表示高兴,也可表示轻视;左顾右盼、低眉偷窥表示困窘;行注目礼表示尊敬等。

2. 眼神的礼仪规范

(1)注视的时间。与他人交谈时,不可长时间地凝视对方。一般情况下,眼睛有 50% 的时间注视对方,另外 50% 的时间注视对方脸部以外的 5~10 厘米处。对东方人也可只用 1/3 时间注视对方,自始至终地注视对方是不礼貌的。在社交场合,无意与他人的目光相遇不要马上移开,应自然对视 1~2 秒,然后慢慢离开。与异性目光对视时,不可超过 2 秒,否则将引起对方无端的猜测。

(2)注视的位置。用目光注视对方,应自然、稳重、柔和,而死盯着对方某部位,或不停地在对方身上上下打量,是极失礼的表现。注视对方什么位置,要依据传达什么信息、造成什么气氛而异;要依据不同场合、不同对象而选择具体目光所及之处和注视的区间,可以分为公务凝视区域、社交凝视区域和亲密凝视区域。

(3)不同文化的差异。不同国家、不同民族、不同习俗对眼神的运用也有差异。例如,在美国,一般情况下,男士是不能盯着女士看的;两个男士之间也不能对视的时间过长,除非是得到对方的默许。与日本人对话时,目光要落在对方的颈部,四目相视是失礼的。阿拉伯民族认为,不论与谁说话,都应看着对方。大部分国家的人忌讳直视对方的眼睛,甚至认为这种目光带有挑衅和侮辱的性质。

(4)敢于正视对方。在交谈中礼貌地正视对方,是一种坦荡、自信的表现,也是对他人尊重的体现。谈话时眼睛往上、往下、眯眼、斜视、闭眼,目光游离不定,漫不经心等,都是在交际中忌讳的眼神。当别人难堪时,不要去看他;交谈休息时或停止谈话时,不要正视对方。

(四)站姿

1. 基本要求

(1)头正。两眼平视前方,嘴微闭,下颌微收,脖颈挺直,表情自然,面带微笑。

(2)肩平。两肩微微放松,稍向后下沉。

(3)臂垂。两臂自然下垂,中指对准裤缝。

（4）躯挺。挺胸收腹，臀部向内向上收紧。

（5）腿并。两腿立直，贴紧，脚跟靠拢或两腿开立，两脚尖外展成45度角。

2.不良站姿

交际场合双手不可叉在腰间，也不可抱在胸前；不可驼背、弓腰，不可眼睛不断左右斜视；不可一肩高一肩低，不可双臂乱摆动，不可双腿不停地抖动。在

图2-9　站姿要得体

站立时不宜将手插在裤袋里，更不要下意识地出现搓、剐动作，也不要随意摆弄打火机、香烟盒，玩弄皮带、发辫等。这样不但显得拘谨、有失庄重，还会给人以缺乏自信和没有经验的感觉。

（五）走姿

1.基本要求

（1）上身要直，昂首挺胸。行走时，要面朝前方，双眼平视，头部端正，胸部挺起，背部、腰部、膝部尤其要注意避免弯曲，使全身看上去成一条直线。

（2）起步时身体要前倾，重心前移。步态要协调、稳健。

（3）双肩平稳，两臂自然摆动。摆动幅度以30度左右为宜。

（4）全身协调，匀速前进。行走时两脚内侧踏在一条直线上或两脚平行，脚尖向前。

2.不良走姿

行走忌内八字、外八字；不可弯腰驼背、摇头晃肩、扭腰摆臀；不可膝盖弯曲，或重心交替不协调，使得头先至，而腰、臀后跟上来；不可走路时吸烟、双手插在裤兜；不可左顾右盼；不可无精打采，身体松垮；不可摆手过快，幅度过大或过小。

图2-10　走姿要优雅

(六)坐姿

1. 基本要求

入座时要轻稳,走到座位前,转身后,右腿后撤半步,轻稳地坐下。女子就座时,应用手将裙拢一下,男子则应将西服扣解开。坐在椅子上时,上身保持站立时的基本姿势,头正目平,嘴微闭,面带微笑,双膝并拢,两脚平行,鞋尖方向一致,做到两腿自然弯曲,小腿与地面基本垂直。双脚可正放或侧放,并拢或交叠。女子的双膝必须并拢,双手自然弯曲放在膝盖或大腿上。如坐在有扶手的沙发上时,男士可将双手分别搭在扶手上,而女士最好只搭一边,倚在扶手上,以显示高雅;坐在椅子上时,一般只坐满椅面的2/3,不要靠背,仅在休息时才可轻轻靠背;起立时,右腿向后回收半步,用小腿的力量将身体支起,并保持上身的直立状态。当然,还可以上身与腿同时转向一侧,面向对方,形成优美的"S"形坐姿,还可两腿膝部交叉,脚内收与前腿膝下交叉,两脚一前一后着地,双手稍微交叉放于腿上。无论采取哪种坐的姿势,关键要做到自然、美观、大方,切不可以表现出僵死、生硬。

2. 不良坐姿

与人交谈时,双腿忌不停地抖动,甚至鞋跟离开脚跟晃动;忌坐姿与环境要求不符,入座后忌二郎腿跷起,或前俯后仰;忌将双腿搭在椅子、沙发和桌子上;女士叠腿要慎重、规范,忌呈"4"字形,男士也不能出现这种不雅的坐姿;坐下后忌双腿拉开成八字形,也忌将脚伸得很远。不规范的坐姿是不礼貌的,是缺乏教养的表现。对不雅的坐姿应在平时加以纠正,养成良好的就座姿态。

图 2-11　坐时忌脚尖示人

(七)蹲姿

1. 基本要求

蹲姿三要点:迅速、美观、大方。下蹲拾物时,应自然、得体、大方,不遮遮掩掩。下蹲时,两腿合力支撑身体,避免滑倒。下蹲时,应使头、胸、膝关节在一个角度上,使蹲姿优美。

(1)交叉式蹲姿。在实际生活中常常会用到蹲姿,如集体合影前排需要蹲下时,女士可采用交叉式蹲姿,下蹲时右脚在前,左脚在后,右小腿垂直于地面,全脚着地。左膝由后面伸向右侧,左脚跟抬起,脚掌着地。两腿靠紧,合力支撑身体。臀部向下,上身稍前倾。

(2)高低式蹲姿。下蹲时右脚在前,左脚稍后,两腿靠紧向下蹲。右脚全脚着地,小腿基本垂直于地面,左脚脚跟提起,脚掌着地。左膝低于右膝,左膝内侧靠于右小腿内侧,形成右膝高、左膝低的姿态,臀部向下,基本上以左腿支撑身体。

2.不良蹲姿

若用右手捡东西,可以先走到物体的左边,右脚向后退半步后再蹲下来。脊背保持挺直,臀部一定要蹲下来,避免弯腰翘臀的姿势。男士两腿间可留有适当的缝隙,女士无论采用哪种蹲姿,都要将腿靠紧,臀部向下,穿旗袍或短裙时需更加留意,以免尴尬。不要蹲在椅子或者凳子上。

图 2-12　蹲时忌踩在椅上

(八)手势

1.基本要求

(1)垂放。一是双手自然下垂,掌心向内,叠放置于腹前;二是双手自然下垂,置于体侧。

(2)背手。双手相握,置于身后。

(3)持物。持物时要手指并拢,动作自然,用力均匀,不要跷起无名指与小指。

(4)鼓掌。表示欢迎、祝贺、支持的一种手势。鼓掌时,右掌心向下,有节奏地拍击掌心向上的左掌。

(5)夸奖。主要用以表扬他人。伸出右手,跷起拇指,指尖向上,指腹面向被夸奖的人。若将右手拇指竖起来反指向别人,就意味着自大或藐视他人。

图 2-13　手势有讲究

（6）指示。用以引导来宾、指示方向的手势。将右手或左手抬至一定高度，五指并拢，掌心向上，以其肘部为轴，朝指示方向伸出手臂。

2.不良手势

交际场合忌当众搔头皮、掏耳朵、抠鼻孔或眼屎、搓泥垢、修指甲、揉衣角、用手指在桌上乱画、玩手中的笔或其他工具；忌做手势或用手指指点点。

四、卫生习惯

讲究个人卫生、培养良好卫生习惯，既是社会公德，也是对他人表示尊重。讲究个人卫生，不仅是指人们应勤洗澡，常刷牙，修剪指甲，应经常梳理头发，而且还应注意个人仪容方面的修饰，包括头发、鼻毛、胡须、腋毛、牙齿、指甲、体味、体声等内容。

（一）头发

要遵循"三不"原则：不能有味、不能出绺、不能有头皮屑。

（二）牙齿

坚持"三三"制，每日三餐后的 3 分钟内要漱口。另外，在出席社交场合前不能吃带有强烈气味的食品，如韭菜、大蒜、臭豆腐等。

（三）鼻毛、胡须、腋毛

男士在日常生活中尤其是出席社交场合中要注意修剪鼻毛和胡须，以保持面部的清洁。女士在夏季，尤其是出席社交场合时要注意对腋毛的清理。

图 2-14　勤洗脸刷牙

(四)指甲

在正式场合,要保持指甲的适度修理。有人习惯将小指指甲留长;有的女士将指甲染得过分鲜艳,有的人当众剪指甲,这些多是不良举止,应加以修正。

(五)体味、体声

要保持体味和口味的清新。咳嗽、打喷嚏时,应用手绢捂住口鼻,面向一侧,避免发出大声,并道"对不起"。不随地吐痰,养成卫生好习惯。

公共礼仪

公共场合礼仪,简称公共礼仪,是指人们在公共场合约定俗成地表示尊重、维护和谐的规范与准则,是社会公德的体现,是使用频率最高的礼仪。

一、总体规范

(一)遵守秩序

衡量一个城市是否发达和先进,高楼大厦不是主要标准,主要是市民守秩序,公共场所讲文明礼让,人与人互相尊重,人与自然和谐共处。遵守公共场所秩序包括使用礼貌用语和普通话,不争吵谩骂,不在公共场所大声喧哗,斑马线礼让行人等。

图 3-1 遵守秩序

(二)仪表整洁

讲究仪表和形体礼仪,是一种社会公德。仪表整洁,不仅是对自己的尊重,也是对他人的尊重。

(三)讲究卫生

要遵守卫生公约,树立良好的个人形象。不随地吐痰,不乱扔果皮、纸屑,不乱涂乱画,不随地大小便,不在禁止区域露天烧烤等。

(四)尊老爱幼

老人和小孩是社会中的弱势群体,应该得到社会公众的关心和照顾。尊老爱幼是一种美德。

(五)文明礼让

一个国家对待弱势群体的态度决定了这个国家的文明程度,一个城市对待弱势群体的态度是衡量其社会文明的标杆。在公共场所，衡量一位市民是否文明礼貌，观察一个城市是否文明和谐，主要是看市民在公共场所是否文明礼让。

图 3-2　尊老爱幼

二、常规行进

（一）并排行进

并排行进的要求是中间高于两侧，内侧高于外侧，一般要让客人走在中间或者走在内侧。人行道的内侧是安全而且尊贵的位置，应将其让给女士或长者，男士或年轻者则应走在外侧。若一位男士与两位或两位以上的女士同行，男士应走在外侧，而不应居中。若两位男士与一位女士同行，则女士应走在中间。若夫妇二人陪长辈外出，丈夫应走在外侧，长辈居中，妻子走在内侧。主人陪客人外出，亦应使其走在内侧。在车辆较多或路灯昏暗的地方，走在外侧的一方应先行几步，并提醒或照顾他人。

（二）单行行进

与客人单行行进即一条线行进时，标准的做法是前方高于后方，以前方为上。如果没有特殊情况，应该让客人在前面行进。

（三）上下楼梯

（1）上楼时，女士在前，男士在后；长者在前，幼者在后。

（2）下楼时，男士在前，女士在后；幼者在前，长者在后；以防对方有闪失。与穿短裙女士一同上下楼梯时，接待陪同人员应走在女士前面。

图 3-3　单行行进有顺序

图3-4　上下楼梯不宜并排行走

(四)乘坐电梯

1.乘坐厢式电梯

(1)注意安全。当电梯关门时,不要扒门;当电梯人数超载时,不要强行挤入。

(2)注意出入顺序。与不相识的人同乘电梯,进入时要按先后顺序,出来时应由外而内依次而出,不能抢先出入。进入有人管理的电梯,应主动后进后出。

2.乘坐自动扶梯

(1)宜站在自动扶梯

(3)上下楼梯时,要注意姿势和速度,与前、后的人之间保持一定距离,以防碰撞。不管自己有多急,都不应推挤他人。为人带路上下楼梯时,应走在前面。上下楼梯时,均应单行行走,如果楼梯较宽,并排行走最多不要超过两人。注意要靠右侧行走,左侧是留给有急事的人通过的。引导尊长、客人上下楼梯时,出于安全的需要,上楼时应走在尊长、客人的后边。

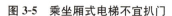

图3-5　乘坐厢式电梯不宜扒门

的右侧,左侧留作通道,以便有急事的乘客自由上下电梯。目前"右立左行"观念正在发生改变,很多地方都不提倡,站稳扶好更重要,不要在自动扶梯上快速行走,以免摔倒造成伤害。

(2)自动扶梯尽量单人乘坐,避免多人并行、拥挤。

(3)乘坐自动扶梯时,宜照顾好身边的小孩、老人和残疾人等,避免出现危险和意外。

三、搭乘交通工具

(一)交通"三让"

2003年3月,青岛市在全国率先提出城市文明交通"三让"新理念,即"车让人、人让车、车让车",核心内容是"车让人",即走在"斑马线"上的行人享有优先通行权,机动车应礼让行人以彰显对人的尊重、维护公共秩序。交通"三让"目的是彰显"以人为本"的理念,将人性化管理融入城市交通管理工作之中,积极打造品牌交通,以营造文明和谐的交通环境,提升城市形象。目前,很多地方学习借鉴青岛交通"三让"衍生出交通"四让",即"车让人,让出一份文明;人让车,让出一份安全;车让车,让出一份秩序;人让人,让出一份和谐"。

图3-6 青岛交通"三让"

图3-7 "三让"之车让人

图3-8 "三让"之人让车

图3-9 "三让"之车让车

(二)乘坐公交车

1. 遵守秩序

乘客下车时应当提前做好准备,车辆停稳后,依次先下后上;乘坐无人售票车应当在标定的车门上下车;乘客应当在站台或者候车区域内候车;车辆未到站,不得要求驾驶员站外停车。

2. 主动购票

乘坐有人售票车,乘客应当在上车后一个站距内购买车票;乘坐无人售票车,乘客应当在上车时使用电子乘车卡付费(卡内余额不足时应当按照规定的票价投币)或者按照规定的票价将票款展示后自行投入票箱内;身高1.2米以上的儿童及中、小学生购买半价票;乘客携带行李物品总重量超过15千克或者占地面积超过0.125平方米的(一人站立面积),应当按同程加购车票,但残疾人或者特需乘客必需的行动辅助专用物品除外。

3. 文明乘车

进入车厢后要往里走,不要站在门口而影响他人上车;在乘车过程中,应主动关心老、弱、病、残、孕等特需群体;不大声喧哗,不食用影响乘车环境卫生和空气质量的食物;禁止在车内吸烟、吐痰、吐口香糖、乱扔杂物以及向车外抛撒物品。

图 3-10　文明候车

4. 安全乘车

乘车时应当做好自我保护,坐稳、站稳和扶牢,并自行妥善保管携带物品;行驶期间,禁止将头、肢体伸出车外;禁止携带腥臭污秽物品、活禽畜等动物(导盲犬除外);禁止携带爆炸性、易燃性、放射性、毒害性、腐蚀性等危险物质或者无包装易碎品。

(三)乘坐地铁

(1)进站乘坐扶梯时注意遵守右侧站立、左侧通行的原则。目前"右立左行"观念正在发生改变,很多地方都不提倡,站稳扶好更重要。

(2)购票和进闸时,排队通行;候车时禁止越过黄色安全线或倚靠屏蔽门,按地面标识排队,先下后上。车门或屏蔽门开、关过程中,禁止强行上下列车;

车门或屏蔽门关闭后,禁止扒门;上车后尽量往车厢中部靠拢,为其他乘客留出上车空间。不要将大件物品堆放在车门处,避免影响其他乘客上下车。

(3)就座时,不要把脚伸向过道,避免给其他站立的乘客造成不便。不要随意卧躺及将物品摆放在座位上,为其他乘客留出座位。切勿占用列车上为特殊人士设置的专座,并在方便时主动为有需要人士让座。下雨天自备方便袋收纳雨具,不要在座椅上放置雨具,以免雨水造成地面湿滑或影响他人就座。

(4)不要在地铁站及车厢内饮食,避免食物异味影响他人。不要携带家禽、宠物、有严重异味物品进站乘车,以免影响其他乘客。

(5)在车站及车厢内轻言细语,禁止大声喧哗;收听观看电子音像设备时请使用耳塞,接听手机时尽量压低声音。客流高峰期,阅读报刊的乘客请留意自己的动作幅度,避免影响相邻乘客。

(6)禁止在车站及车厢内发生过于私密、亲昵行为举止。

(7)禁止车内乞讨、售卖以及妨碍他人的其他商业行为。

(8)保持车厢内卫生,禁止乱丢垃圾。

(四)乘坐火车

(1)进站候车时所携带行李不占用旅客座位,不得躺在座椅上睡觉。

(2)自觉排队上车,不争先恐后,服从车站管理人员的调度安排。

(3)放置行李时要注意礼让,与人方便。

(4)主动帮助特需旅客(老、弱、病、残、孕等)。

(5)自觉维护车厢内的环境卫生,不乱扔杂物,吸烟应到吸烟区。

图3-11　搭乘火车忌妨碍他人

(6)不可长时间占用卫生间和盥洗间。

(7)自觉保持车厢里安静,不大声喧哗。

(五)乘坐轮船

(1)对号入座。客轮扶梯一般较陡,所以上、下船应互相谦让,并照顾好老人、小孩和女士。

（2）注意安全。风浪大时要防止摔倒；到甲板上要小心；带孩子的乘客要看护好自己的孩子；吸烟的乘客要注意防止引起火灾；不要在船头挥动丝巾或在晚上拿手电筒乱晃，以免被其他船只误认为是在打旗语或发送灯光信号。

图 3-12　搭乘轮船时家长要看护好孩子

（3）举止文明。船上的服务设施齐全，可供就餐或消闲。如要请其他乘客一起娱乐，一定要两相情愿，不可强求。若房间其他乘客出门，不要随便翻动其物品。

（4）注意小节。不要在船上嬉笑追逐；不要在客舱中大吵大嚷；晕船呕吐应去卫生间；拍摄风景照时不要挤抢。另外，要注意船上的忌讳，如不要谈及翻船、撞船之类的话题。

（六）乘坐飞机

（1）按时登机，对号入座。进入机舱后保持安静。

（2）不得将超大行李和有异味的物品带上飞机。尽快放好随身行李，保持通道畅通。

（3）登机后主动关闭手机等电子设备。

（4）不乱动飞机上的安全用品及设施。需要找乘务员时，可以揿按呼唤铃，不宜大声喊叫。接受乘务员服务应致谢。

图 3-13　有序搭乘飞机

（5）在飞机上进餐时，主动将座椅椅背调至正常位置，以免影响后排乘客进餐。

（6）保持舱内整洁卫生，因晕机呕吐时，应使用机上专用呕吐袋。飞行过程中尽量不要脱下鞋子以免异味影响他人；如果是长途飞行，应该准备拖鞋。

（7）飞机未停稳时不得抢

先打开行李舱取行李，以免行李掉落伤人。

（8）上下飞机时，对乘务员的迎送问候有所回应。

（9）靠窗的乘客飞机起飞和降落的时候，主动拉起遮光板。

图 3-14　乘坐出租车，女士先上

（七）乘坐出租车

（1）在出租车指定候车处，按顺序排队。如果遇到老、幼、孕、残及病人，文明礼让，让他们排到自己的前边。

（2）在机场、火车站等场所等候出租车时，应该到指定区域排队。在没有出租车等候站的地方，应该自觉遵守"先来先上"的原则。

（3）在一些禁止停车或上下车的地方，不应执意叫停。

（4）乘车时，除避免往窗外丢垃圾、吐痰等不良行为外，也不要把废弃物留在车上。如果携带带有异味的食品或物品，应将其包严，以免污染车内空气。

（5）为了让司机集中精力开车，应避免和司机长时间攀谈或做其他干扰司机安全驾驶的行为。

（6）网约打车要准点候车，不要恶意取消。评价司机要客观公正。

四、其他

（一）礼仪距离

1. 亲密距离

亲密距离为 45 厘米以内，多用于情侣或夫妻间、父母与子女间、知心朋友间。亲密距离属于非常敏感的区域，交往时应特别注意，公共场合不要轻易采用此距离。

2. 私人距离

私人距离一般为 45～120 厘米，表现为伸手可以握到对方的手，但不易接触到对方的身体。一般的

图 3-15　亲密距离

图 3-16　社交距离

朋友交谈时多采用这一距离。

3.社交距离

社交距离为 120～360 厘米,适用于礼节上较正式的交往关系。办公室环境中,同事之间多采用这种距离交谈。在小型会议上,与没有过多交往的人打招呼也可采用此距离。

4.公共距离

公共距离指大于 360 厘米的距离,一般适用于大型会议的讲话者与听众之间、非正式场合中互不认识或较少交往的人之间。

(二)自觉排队

(1)先来后到,依次排列,依序而行。

(2)保持间距,前后之间不应有身体上的接触,尤其在金融窗口、取款机等涉及个人隐私的场合,"一米线"是最低要求,线内不可以再站人。

(3)不应插队,插队是无礼的表现。

(4)行人应当在人行道内行走,按照交通信号指示通行,通过路口应当走"斑马线"、过街天桥或者地下通道。

(三)礼貌问路

(1)向他人问路时,要先下车、停步,主动到距对方适当的距离内,根据对方年龄、性别等特征恰当地予以尊称,并对打扰对方表示歉意,然后清晰简明地说明自己的意图。得到对方回答后应诚恳表示感谢,如果对方回答不了问题,也应礼貌道谢。

(2)接受他人问路时,注意倾听对方要求,指明交通线路或需乘坐的交通工具;当被问到不了解的情况时,应向对方表示歉意,并代为请他人予以帮助。

(四)文明骑车

(1)严格遵守交通法规,靠右行驶,不闯红灯,不逆行。

(2)按照红绿灯的指示过马路。礼让行人,红灯不越线,黄灯不抢行。遇到老人、小孩、残疾人等应主动停车让道。

(3)进出有人值守的大门,下车推行。

(4)拐弯前应先做手势,不在别的车子或行人前面突然迎头拐弯。

(5)共享自行车,要在划出的车道内行驶。如果没有单独自行车道,要注意骑行安全。停放要文明,不可以随意乱停乱放。

(五)文明驾车

(1)驾驶机动车时,不以手持方式使用移动电话。

(2)不抢道,不加塞插队,经过人行横道礼让行人。

(3)不在禁止鸣喇叭的区域或者路段鸣喇叭。

(4)规范有序停放车辆,不将车辆停放在消防通道或者妨碍他人通行的区域。

(5)不向车外抛撒物品。

(6)驾驶非机动车,不违反规定进入机动车道和人行道行驶,不违反规定载人载物。

(7)自觉遵守道路交通安全法规、交通信号和交通标志。

(8)夜间行驶会车时打近光灯、偏光灯,不打刺眼的强光大灯。

(9)雨雪天应缓速行驶,防止将积水溅到行人身上。

(六)文明游览

(1)爱护名胜。不在文物古迹上乱刻乱画,不随意攀爬名胜古迹。

(2)保护环境。不在"禁止入内"的草坪、鲜花丛中走动或留影,要爱护景区的一草一木,保持自然环境的优美。

(3)文明拍照。拍照留念时,不要到危险或不宜攀登、不能入内的地方去,以防发生意外。需要他人帮忙拍照或请行人避让,要有礼貌,拍完后向人家道谢。

图3-17 游览景区要讲究卫生

(4)讲究卫生。在游览区野餐时,要将残羹剩饭、果皮、罐头盒、饮料瓶等废弃物扔进垃圾箱,保持景区的环境卫生。

(七)文明参观

参观博物馆、美术馆等应持守以下礼节:

(1)保持环境安静。参观者应当保持安静,说话声音要低,不要大声说笑或扯开嗓子指点同伴。

(2)专心倾听讲解。专心听讲解员讲解,遇到不明白之处,可以请教,但不宜不停地发问,以免影响其他参观者。

(3)有序放置物品。博物馆和美术馆一般都设有衣帽间,参观者可以把大衣、帽子以及雨伞等杂物存放在里面。

图 3-18　参观美术馆、博物馆不要大声喧哗

(4)注意参观文明。参观时,不要边参观边吃零食;不要抽烟;不要随意从别人面前走过;不要长时间"独占"展品;不要对展品妄加评论;不要抚摸、损坏展品或博物馆的设施;不要随地乱扔果皮、纸屑;带孩子参观时,不要让孩子乱跑或高声叫喊。

图 3-19　观看演出不要影响他人

(八)观看演出

(1)不前呼后拥地闯入剧场,以免引起其他观众的反感。

(2)不干扰演员的演出,维护文娱场所的气氛。

(3)不干扰其他观众的观看,遵守文娱场所的秩序。

(4)不大声喧哗,不妄加评论,观看时保持安静、适时鼓掌。

(5)观看演出时不要打瞌睡、打哈欠,如不感兴趣可在幕间休息时离开。

（九）观看影剧

（1）应尽早入座。如果自己的座位在中间应当有礼貌的向已就座者示意，让自己通过；通过让座者前时要与之正面相对，切勿让自己的臀部对着人家的脸。

（2）应注意衣着整洁，即使天气炎热，袒胸露腹，也是不雅观的。

（3）在影剧院里不可大呼小叫，笑语喧哗，也勿把影院当成小吃店大吃大喝；演出结束后应有秩序地离开。

图 3-20 观影不可大声喧哗

图 3-21 商场购物要遵守存包规定

付款前要看清价格，以免付款时钱款不够，当众出丑。

（4）购买商品后，应保留发票，以供退、换商品之用。在退、换商品时，理由要充分，说话要客气，不要指责售货员，或是冤枉对方。

（十）商场购物

（1）进入自选超市购物，如要求存包，应自觉遵守。如无必要，不要携带商品进入超市。

（2）挑选商品时，不要漫无目标，不要过分挑剔。对未选定的商品，不要乱动、乱抠、乱摸，以免造成损坏。

（3）付款时，应做到货、款两清。

图 3-22 宾馆住宿忌影响他人休息

（十一）宾馆住宿

（1）随团体入住的，应选派专人到前台办理或者让导游去办理入住手续，其余人员在大堂安静等候，不可拥堵在前台。

（2）进入客房后，自觉关闭房门，不在房间里喧闹或把电视音量开得很大，以免影响其他客人。

（3）不应穿睡衣睡裤、内衣内裤、拖鞋在走廊里走动或串门。

（4）爱护客房内的公用设施，节约水电，保持室内卫生。

（5）对服务员的服务和问候应礼貌回应。

（十二）餐馆用餐

（1）尊重服务员的劳动，对服务员应谦和有礼，当服务员忙不过来时，应耐心等待，不可敲击桌碗或喊叫。

（2）对于服务员工作上的失误，要善意提出，不可冷言冷语，加以讽刺。

图 3-23　文明就餐

（十三）吸烟须知

2013 年 9 月 1 日《青岛市控制吸烟条例》全面实施，在禁止吸烟场所吸烟不听劝阻的市民将被罚款 200 元。下列场所禁止吸烟：

（1）室内公共场所，即供公众进行社会活动或者提供购物、餐饮、住宿、医疗卫生、教育培训、休闲娱乐健身等服务的室内公共场所。

（2）室内工作场所，即机关、企业事业单位、社会团体和其他组织的室内工作场所以及电梯、楼道、餐厅等公共区域。

（3）公共交通工具，即从事旅客运输的各种公共汽车、出租汽车、火车、地铁、轻轨、船舶、民用航空器等公共交通工具内以及室内外等候区域、站台。

（4）室外区域，即幼儿园、中小学校、妇幼保健机构、儿童医院、儿童福利院以及其他主要供未成年人活动或者为未成年人提供服务的场所的室内外

图 3-24　不在有"禁止吸烟"标志的地方吸烟

区域;文化、体育活动场所的室内区域和室外观众席以及演艺、比赛区域。

(十四)文明如厕

(1)进入公共厕所时,如遇人多,在厕所门外排队等候。

(2)使用时关好小门。

(3)如厕后主动冲洗,卫生纸用后应放入纸篓,不可乱扔。

(4)便后洗手,湿手不要边走边甩。

(5)节约免费厕纸,严禁带走免费提供的卫生纸。

(十五)文明公约

中国公民国内旅游文明行为公约:

(1)维护环境卫生。不随地吐痰和口香糖,不乱扔废弃物,不在禁烟场所吸烟。

(2)遵守公共秩序。不喧哗吵闹,排队遵守秩序,不并行挡道,不在公众场所高声交谈。

(3)保护生态环境。不踩踏绿地,不摘折花木和果实,不追捉、投打、乱喂动物。

(4)保护文物古迹。不在文物古迹上涂刻,不攀爬、触摸文物,拍照、摄像遵守规定。

(5)爱惜公共设施。不污损客房用品,不损坏公用设施,不贪占小便宜,节约用水、用电,用餐不浪费。

(6)尊重别人权利。不强行和外宾合影,不对着别人打喷嚏,不长期占用公共设施,尊重服务人员的劳动,尊重各民族宗教习俗。

(7)讲究以礼待人。衣着整洁得体,不在公共场所袒胸赤膊;礼让老幼病残,礼让女士;不讲粗话。

(8)提倡健康娱乐。抵制封建迷信活动,拒绝黄、赌、毒。

(十六)出境指南

中国公民出国(境)旅游文明行为指南:

中国公民,出境旅游,注重礼仪,保持尊严。

讲究卫生,爱护环境;衣着得体,请勿喧哗。

尊老爱幼,助人为乐;女士优先,礼貌谦让。

出行办事,遵守时间;排队有序,不越黄线。

文明住宿,不损用品;安静用餐,请勿浪费。

健康娱乐,有益身心;赌博色情,坚决拒绝。

参观游览,遵守规定;习俗禁忌,切勿冒犯。

遇有疑难,咨询领馆;文明出行,一路平安。

(十七)观看比赛

1. 着衣恰当

体育场所中的衣着一般是非正式的,以穿着适时、舒适为主,尤其是秋冬季的室外赛场,应优先考虑保暖。在室内体育馆里,坐在包厢里的观众通常比坐在看台上的观众要着装正式;着运动装,也要整洁大方。

2. 对号入座

应准时到场,对号入座,以免入座时打扰别人。

3. 遵守秩序

观看体育比赛时要注意讲文明。可以在比赛中为你所喜爱、支持的运动员和运动队欢呼呐喊,但不要辱骂对抗的一方,以免与支持其的观众发生争执。不能因情绪激动而用脚踩着座位看,更不能因不满赛况而向比赛场中投掷杂物、攻击裁判等。

4. 照顾他人

和在其他公共场所一样,体育比赛过程中若想吸烟,要注意场内是否允许并要取得周围人同意。比赛期间不要频繁进出,以免影响其他观众。啦啦队、球迷队的欢呼助威也要兼顾他人的感受。

5. 文明退场

如果赛后有要事,可在终场前退出。赛事结束后要按顺序退场,不要互相拥挤,以免发生意外。

职场礼仪

职场礼仪,是指人们在职场中与他人交往时言谈举止的规范和礼节,是职场人士创造良好人际关系、成就事业的必备知识和技能。它包括求职面试,与上下级关系,平级交往,办公,会议,迎来送往等礼仪规范。

一、仪容

1. 头发

洁净、整齐,无头屑,不染奇异发色,不做奇异发型。男性不留长发,前发不过眉,侧发不过耳,后发不过领;女性不留披肩发,长发可盘起来或用发卡梳理好,也不用华丽头饰。

2. 眼睛

无眼屎,无睡意,不充血,不斜视。眼镜端正、洁净明亮。室内不戴墨镜或有色眼镜。

3. 耳朵

内外干净,无耳屎。女性不戴夸张耳环。

4. 鼻子

鼻孔干净,无鼻屎,不流鼻涕。鼻毛不外露。

5. 嘴巴

牙齿整齐洁白,口中无异味,嘴角无泡沫,会客时不嚼口香糖等食物。女性不用深色或艳丽口红。

6. 脸颊

洁净,无明显粉刺。女性施粉适度,不留痕迹。

7. 脖子

不戴夸张项链或其他饰物。

8. 手

洁净。指甲整齐,不留长指甲。尽量不涂指甲油,如果涂指甲油须为自然色;不戴结婚戒指以外的戒指。

9. 帽子

整洁、端正,颜色与形状符合自己的年龄与身份。室内不戴帽子。

10.配饰

胸卡、徽章佩带端正,不要佩带与工作无关的胸饰。

11.鞋袜

鞋面洁净亮泽,无尘土和污物,鞋底不宜钉铁掌,鞋跟不宜过高、过厚和形状怪异。袜子干净无异味。女性穿肉色短袜或长筒袜,袜子不能褪色和拔丝。

12.衬衣

领口与袖口保持洁净。质地、款式与颜色与其他服饰匹配,并符合自己的年龄、身份和单位的性质。

13.领带

端正整洁,不歪不皱。

14.正装

整洁笔挺,不打皱,不过分华丽。与衬衣、领带和西裤匹配。上口袋不要插笔,所有口袋不要放置钱包、名片、香烟、打火机等物品。

二、仪态

1.目光

根据交流对象与自己关系的亲疏、距离的远近来选择目光停留或注视的区域。关系一般或第一次见面、距离较远的,则看对方的以额头到肩膀的这个大三角区域;关系比较熟、距离较近的,看对方的额头到下巴这个三角区域;关系亲昵的、距离很近的,则注视对方的额头到鼻子这个三角区域。交流过程中用50%~70%的时间与对方进行目光交流是最适宜的。少于30%,则说明你对对方的话题、谈话内容不感兴趣;多于70%,则表示你对对方本人的兴趣要多于他所说的话。

2.站姿

男士主要体现出阳刚之美,抬头挺胸,双脚大约与肩膀同宽站立,重心自然落于脚中间,肩膀放松。女士则体现出柔和和轻盈,丁字步站立。

3.坐姿

入座要轻而稳,女士着裙装要先轻拢裙摆,而后入座。双肩平正放松,两臂自然弯曲放在膝上,也可放在椅子或沙发扶手上。双膝自然并拢,双腿正放或侧放。一般坐满椅子的2/3,脊背轻靠椅背。起立时,右脚向后收半步而后起立。

4.行走

靠道路的右侧行走,遇到同事、领导要主动问好。在行走的过程中,应避免吸烟、吃东西、吹口哨、整理衣服等行为。上下楼梯时，应尊者、女士先行。多人行走时，注意不要因并排行走而占据路面。

5.递接物品

递接物品的基本原则是举止要尊重他人。如双手递物或接物就体现出对对方的尊重。如果在特定场合下或东西太小不必用双手时，一般要求用右手递接物品。递接尖锐物品时，尖锐一方朝向自己。

6.交谈

谈话时，要面对对方，保持一定的距离。尽量保持身体的挺直，忌歪斜。忌依靠着墙壁、桌椅而站；双腿分开的距离过大、交叉，都是不雅观和失礼的行为。手中不要玩弄物品，那样显得心不在焉，是不礼貌的行为。

图 4-1　进入房间先敲门

三、求职面试

（一）走进房间

在门口听见自己的名字被喊到，应有力地答一声"到"，然后再进门。如果门关着的话，就要以里面听得见的力度敲门，得到允许后再进去。开门、关门尽量要轻，向招聘方行过礼之后，清楚地说出自己的名字。

（二）端正坐姿

在没有听到"请坐"之前，绝对不可以坐下。从门口走进来的时候，要挺起胸膛堂堂正正地走。坐下时也不要坐满座椅面。

（三）使用敬语

使用过分夸张的敬语是一件令双方都很尴尬的事。所以，要在平时待人接物上下功夫，如习惯于对长辈说敬语等。

（四）视线处理

说话时不要低头，要看着对

图 4-2　使用敬语不夸张

方的眼睛或眉间,不要回避视线。但一味直勾勾地盯着对方的眼睛也会让人觉得突兀。作出具体答复前,可以把视线投在对方身后两三秒钟做思考,不宜过长,开口回答问题时,应该把视线收回来。

图 4-3　谈话精力要集中

难以对付,这都容易破坏交谈,是不好的交谈习惯。

(六)坦诚应对

在面试场上,常会遇到一些不熟悉或曾经熟悉现在却忘记,或根本不懂的问题。面对这种情况,默不作声、回避问题是失策;牵强附会、"强不知为知之"更是拙劣,坦率承认为上策。

(五)一心专注

无论谈话投机与否,或者对方有其他的活动,如暂时处理一下文件、接个电话等,你都不要因此分散注意力。如果你对对方的提问漫不经心,言论空洞,或是随便解释某种现象,轻率下断语,借以表现自己的高明,或是连珠炮似的发问,让对方觉得你过分热心和要求太高,以至于

对不起,我回答不上这个问题

图 4-4　面试回答问题要诚实

(七)注意仪容

进入房门之前应该到洗手间对着镜子检查一下衣服有没有歪,鞋子脏不脏;需不需要补妆,看看发型有没有乱、齿间有没有异物等。

图 4-5　面试前检查仪容

四、工作态度

（1）敢于承担责任。勇于承担风险，不推诿给同事，这是一种良好的态度。

（2）恪守职责。树立爱岗敬业的精神，努力使自己干一行、爱一行、钻一行，以饱满的工作热情，高度的工作责任心，开创性地干好自己的工作。

（3）不要忽略小事。

图 4-6　不看违禁物品

五、遵纪守法

（1）信守商业机密。

（2）不阅读黄色书刊，不观看黄色电影、电视，不迷恋游戏、赌博、上网，远离毒品。

（3）爱护公共财产，不破坏公共设施。

六、职业意识

（一）目标意识

良好职业意识的塑造首先要求职业人员塑造自己职业人生的目标，围绕目标去努力实施。在这个基础上，要努力学习，用知识来丰富自己，增进知识以产生思想，提高自己的人生价值。工作中要用心，用心思考，用心做事，对职业前途充满信心。

图 4-7　有角色意识

（二）角色意识

现代分工使得每个人都是处在具体工作岗位上的人，每一个岗位都有特殊的职责权限和工作内容，做岗位要求的事，并把事情做到岗位职责要求的程度，是角色意识的根本体现。

(三)责任意识

责任应该是一种自觉意识,是个人对自己和他人,对家庭和集体,对国家和社会所负责的认识、情感和信念,以及与之相适应的遵守规范、承担责任和履行义务的自觉态度。

(四)团队意识

现代组织绩效的取得,不是靠单个人、单个岗位,而是靠各岗位的

图 4-8　有责任意识

有效集成,在所有岗位都能良好的完成岗位职责的情况下实现各岗位的有效对接。

(五)规则意识

团队协作和合作靠大家共同遵守一定的游戏规则,团队合作不是靠感情,不是靠关系,而是靠分工协作,是各自发挥专长基础上的专长相吸,最终实现优势互补。

图 4-9　有规则意识

(六)问题意识

要求职业人能够发现工作中存在的问题并及时解决问题,要有标杆,有理想境界,经常拿现实去和理想境界比较。

(七)效率意识

要求职业人做任何事情都要有投入产出思维,考虑工作的轻重缓急,做事的成效,切忌得过且过、消极怠工。

图 4-10　有问题意识

(八)自信意识

相信自己，相信自己的能力。自信是一种正确、积极的自我理念和自我评价，是一个人对自己的积极感受。

图 4-11　有自信意识

图 4-12　有竞争意识

(九)竞争意识

竞争会使人才脱颖而出，求职就是素质和智力的竞争。有无竞争意识决定着职业人士能否找到合适的职业。竞争是不甘平庸，追求卓越。

(十)创新意识

创新意识是一种与时俱进、勇于探索、开拓进取的思想状态和精神风貌，体现在实际工作的方方面面。超越前人是创新，推陈出新是创新，创造性地解决难题、狠抓落实也是创新。

图 4-13　有创新意识

七、同事关系

(一)尊重同事

同事之间的关系是以工作为纽带的,应相互尊重和支持。一旦失礼,由此造成的不好的印象很难消除。

图 4-14　要尊重同事

图 4-15　要经济清白

(二)经济清白

经济上的往来应一清二楚,向同事借钱、借物,应打借条,并及时归还。

(三)帮人所难

对同事的困难应帮助解决。同事遇到困难,应给予关心;若同事有事相求,应在力所能及的前提下尽力帮忙。

(四)表里如一

不在背后议论同事的隐私,不说不利于团结的话,不损害他人的名誉。

图 4-16　要表里如一

图 4-17 要平等相处

八、与上级关系

(一)服从命令

在工作中,下级要服从上级。如果有不同的意见,可以通过正常渠道向上级反映。对上级已经作出的决定,不能以任何借口拒绝执行,不能肆意曲解、阳奉阴违,更不能擅自做主。在执行上级决定的过程中,发现上级的指示确实有错误,需要及时纠正的,同样要通过

图 4-19 要维护威信

(五)开诚布公

自己出现失误,应主动向对方道歉,求得对方的谅解。双方之间产生了误会应主动向对方说明情况,化解误会,避免激化矛盾。

(六)平等相处

同事之间应保持一种平等、礼貌的合作关系,尽量做到相互包容和体谅,防止彼此猜疑、较劲。

图 4-18 要服从命令

正常渠道善意地提出意见,切忌使矛盾激化,影响工作。

(二)维护威信

在工作中,一定要尊重上级,积极支持、配合上级的工作,用自己的实际行动维护上级的威信。不要在背后随便议论、评价上级的工作能力和工作业绩,不要在他人面前批评、嘲讽上级,更不可以捉弄上级或使其出丑。

图 4-20　要以礼相待

(四)不擅越位

在工作中,应明确自己的职责范围,对上级交代的工作,应认真负责,努力完成;对不属于自己职责范围内的事,不得擅自越位,以免造成麻烦或产生纠纷;在决策与表态时,应当及时请示、汇报,不可自作主张。

九、与下级关系

(一)平等

上下级关系,主要是一种工作关系。上下级的区别在于所担负的工作职责不同,但仍然是一种同事关系。因此,对待下级不宜高高在上,盛气凌人,或不屑一顾。

(二)尊重

作为上级,对下级要真诚尊重,这应体现在自己的一言一行上。对待下级的意见、建议,要表示欢迎,认真研究后给予明确答复。布置工作时,态度要

(三)以礼相待

称呼上级时,以尊称为宜,直呼其名或绰号是非常不礼貌的;进入上级办公室时,要先敲门,得到准许,方可入内;与上级交谈时,应多用"您"、"请"、"谢谢"等礼貌用语。

图 4-21　不得越权

图 4-22　要尊重下级

图 4-23　要公正对待下级

(四)体贴

要悉心照顾、体贴下级。工作之余,要多与下级进行感情交流与沟通,积极主动地关心、帮助下级,并解决好下级工作中存在的实际困难和问题。

十、办公设备

(一)电脑

(1)学会正确地使用电脑,不要让电脑因你的错误操作而出现故障。

(2)与他人共用电脑时,要协调好电脑的使用时间,应根据任务的轻重缓急区别对待。

(3)未经允许,不要查看他人的文件;同时,注意机密文件的保密。

(4)不宜在工作时间上网聊天、购物、炒股、玩游戏。

(5)工作结束后,应按规程关闭电脑,同时保持环境和设备的整洁。

温和,任务要具体。工作出了问题要勇于承担责任,敢于开展批评与自我批评。批评下级要有理有据,使下级心服口服。

(三)公正

在工作中,上级对下级应严格要求,一视同仁,不徇私情。要任人唯贤,不能任人唯亲,更不能以自我划线,拉帮结派,搞小圈子、小团体。

图 4-24　要体贴下级

图 4-25　未经允许,不要偷窥他人电脑

（二）复印机

（1）一般来说，先到者先用。如果两个人同时到达，复印量少的人先用。

（2）尽可能纸张双面复印，既可以减少费用，又可以节能减排。

（3）不要用复印机复印私人文件。确有需要，应按复印机使用管理规定执行。

（4）应定期检查维护复印机。使用过程中出现故障，如果不会处理，应请技术人员帮助处理。

图 4-26　不私用公共设备

（5）用完后应将其设置恢复到初始状态。

（三）办公电话

（1）办公电话应在铃响三声之内接起，自报家门。

（2）打办公电话，语言要简明扼要，一般不超过 3 分钟。

（3）公务电话宜在办公时间内拨打，不要在私人时间打扰对方。

（4）不使用办公电话打私人电话，也不在办公时间打私人电话。

（5）合理控制通话音量，不宜声音过大。

图 4-27　办公时间不拨打私人电话

十一、汇报工作

(一)遵守约定

汇报者一定要遵守时间,不可失约。进行例行汇报,不论是口头的还是书面的,都要准时抵达指定地点,或将书面材料按时送到预定对象手中,不能让其等候过久。万一因故不能赴约,要有礼貌地尽早告知对方,并以适当的方式表示歉意。若因故迟到,要向对方致歉,并说明原因。

图 4-28 要遵守时间

(二)态度认真

汇报者要谦虚谨慎,不骄不躁。到达领导办公室门口,无论门是关着还是开着,都应轻轻敲门,待听到招呼再进门。汇报时,要注意自己的仪态,做到站有站相、坐有坐相、文雅大方、神态自然。

图 4-29 汇报态度要认真

(三)内容严谨

汇报要内容严谨、实事求是,不能歪曲事实、编造谎言。有外人在场时,一般不宜进行口头汇报或电话汇报。尤其是不要在他人面前故作神秘、附耳低语或使用暗语。

(四)通情达理

当汇报的有些内容被上级否定时,要冷静对待。若上级否定自己的意见是正确的,应虚心接受;若其否定是不当的,也应提出自己的合

图 4-30 要通情达理

理意见。但不管属于哪种情况，都要注意不失礼节。

十二、会议

(一)组织会议

1.建立筹备机构

凡是大、中型会议，都需要组织专门的机构来进行筹备，筹备机构也就是会议期间的工作机构，即会务处。它的下面可分设会务组、资料组、生活组等。

图 4-31　做好会议筹备

2.安排会议场所

开会场所要根据会议的规模、影响等预先安排，一般要按照与会人数与会场容量大体相当的原则来安排。还要考虑与会人员的食宿问题及主会场与组织讨论的分会场的距离等。

图 4-32　安排会议场所

3.确定与会人员

召开会议，一般要提前确定参加会议的人员。会务处要全面考虑，提出建议供领导参考决定。

4.制定会议文件

会议文件根据会议议题来准备，这是会务处在会前准备阶段要进行的最主要的工作。文件通常在第一页左上角写上会议名称，一般称"××会议文件"。文件较多的会议，还应对文件进

图 4-33　制定会议文件

行编号,编号按会议议程编定。会议文件要在会前印制好,装入会议文件袋,在与会人员报到时分发。

5.印制会议票证

这是举行大、中型会议时为了维持会场秩序、保证会议安全而采取的最常见的一种手段。如代表证、出席证、列席证、工作证、座位证、车辆通行证等。

6.妥善布置会场

会场要结合会议性质、内容进行布置。大、中型会议往往要设主席台,台上要悬挂会标,会标必须端庄、醒目。台上还应摆放红旗、鲜花等装饰物。此外,还必须安排好音响、照明、摄影、摄像等。大型会议还要安排好进场、退场的路线。

图 4-34　布置会场

图 4-35　合理安排座次

7.合理排列座次

有的会议要对会场按系统或单位进行划分,分设代表席、工作人员席、记者席等。座次的安排,主要是指主席台而言。一般主席台上除了主持人和讲话人外,其他有关领导人员必须事先确定并逐一落实,按照中间高于两侧、右侧高于左侧的原则进行安排。

图 4-36　组织会议报到

8.组织会议报到

与会人员报到时,会务处要负责发放会议票证及会议文件、材料;报到结束后,要及时向会议领导人报告。

(二)参加会议

(1)按时到场,遵守秩序。

(2)遵守会场纪律,不随便走动、喧哗、鼓倒掌、吹口哨。

(3)关闭通信工具或者设为静音模式,认真倾听,做好记录。

(4)不宜中途退场。如有特殊原因确需退场,应向有关工作人员说明情况,征得同意后方可离席。

图 4-37　会议中关闭手机或设为静音模式

(三)会议位次

(1)以面门为上,面对房间正门的位置一般被视为上座。

(2)非政务会议讲究以右为上,进门方向坐在右侧的人为地位高者。

(3)以居中为上,小型会议通常只考虑主席之座位,但同时也强调自由择座,如主席可以坐在前排中间的位置。

(四)会议座次

大型会议应考虑主席台、主

图 4-38　大型会议座次排列

持人、发言人的位次。主席台位次的排列按照前排高于后排、中间高于两侧、右侧高于左侧的原则；主持人席位可安排在前排正中，亦可居于前排最右侧；发言席一般设于主席台正前方，或者其右前方。

（五）会客座次

1. 宾主对面而坐时，面门为上

客人与主人对面而坐称为相对式。相对式位次排列的基本要求是面门为上，也就是面对房间正门者为客位，背对房间正门者为主位。

以右为上……

图 4-39　宾主并排坐，以右为上

2. 宾主并排而坐时，以右为上

宾主并排而坐即称并列式。当宾主并排而坐时，倘若双方都面对房间正门，以右为上。以右为上是指宾主之间客人应该坐在主人的右边。

3. 难以排列时，可自由择座

自由择座即客人随意坐，通常用在客人较多、座次无法排列，或者大家都是亲朋好友，关系比较亲密，没有必要排列座次时。

十三、迎送客人

（一）礼貌

有客人前来，应站起来，微笑面对客人打招呼。做到"四声"：来有应声、问有答声、走有送声、支持配合有谢声。禁止"四难"：门难进、脸难看、话难听、事难办。

（二）引领

（1）领路时，应走在客人左前方两三步远处。

（2）上下楼梯时，注意安全。

（3）进入电梯时先摁按钮，用手压住打开的门，请客人先进，如人多，自己应先进入，摁住开关，先请客人进，再让公司内部人员进入。出电梯时则相反。

十四、乘车

(一)小轿车

如果是专职司机驾车,则贵宾专座应为后排右座,后排左座次之;如果是朋友亲自驾车,客人应坐在副驾驶位置以示对主人的尊重。提示:不方便安排的时候,可以征询客人意见,因为有的客人出于安全考虑,愿意选择坐在驾驶员正后面。

(二)出租车

客人数量不满三人时,应坐在后排。后排右座是尊位,其次是后排左座,随行人员应该坐在副驾驶座。

(三)其他车辆

大巴车、中巴车或面包车,以司机后面的座位最为尊贵,后面座位的尊贵程度从前往后依次降低,靠窗座位优于过道座位。

交际礼仪

现代交际礼仪泛指人们在社会交往过程中形成的应共同遵守的行为规范和准则。具体表现为礼节、礼貌、仪式、仪表等。

一、称呼

(一)敬重

中华礼仪特别强调礼的核心精神是"敬",以恭敬之心对待亲戚、朋友,乃至弱势群体,遇事多为他人着想,对国家、人生、事业怀有敬意,尊敬师长,尊师重道,敬业乐群,自尊自爱。

(二)敬语

要注意适当使用敬语。敬语,表示尊敬和礼貌的词语,如日常使用的"请"字,第二人称中的"您"字,代词"阁下"、"尊夫人"、"贵方"等,还有一些常用的词语用法,如初次见面称"久仰",很久不见称"久违",请人解惑称"请教",请人原谅称"包涵",麻烦别人称"打扰",托人办事称"拜托",赞人见解称"高见"等。

(三)谦辞

中华传统礼仪可归纳为"家大舍小令外人"一句话,意思是对别人称自己的长辈和年长的平辈时冠以"家",如家父(家严)、家母(家慈)、家叔、家兄等;对别人称比自己小的家人时则冠以"舍",如舍弟、舍妹、舍侄等;称别人家中的人,则冠以"令"表示敬重,如令堂、令尊、令郎、令爱等。

图 5-1　礼貌敬语

除"家""舍""令"外,谦辞还有"小"(小女,称自己的女儿)、"拙"(如拙见,称自己的见解)、"鄙"(鄙见,称自己的意见)、"寒"(寒舍,称自己的家)等。

常用的敬辞还有"贵"(贵庚,询问长者的年龄)、"大"(大作,称对方的作品)、"高"(高见,称对方的见解)、"拜"(拜托,托人办事)等。

二、介绍

(一)自我介绍

(1)介绍时首先要向对方打招呼,使对方有思想准备。

(2)介绍的内容一般包含单位、部门、姓名。

(3)自我介绍一般不介绍自己的头衔。

(二)介绍他人

(1)介绍内容一般包含单位、部门、姓名、头衔。

(2)介绍头衔的时候"就高不就低"。

(3)介绍时要恰到好处,不能过分夸张,以免有失真之感。

(4)被介绍时,应注意趋前微笑,点头示意,目视对方。

(5)介绍时注意中外有别。中国讲究"长幼有序",一般应该把年轻的介绍给年长的,正式场合把职务低的介绍给职务高的;西方礼仪一般本着"尊者优先、女士优先"的原则,即先将职位低的人介绍给职位高的人,先把男士介绍给女士,先把晚辈介绍给长辈,先把未婚者介绍给已婚者。

(6)介绍后,通常被介绍者应趋前主动问候。见对方有握手之意时,则积极与之呼应。握手时可以稍微进行寒暄,互致问候,同时可互递名片。

(三)介绍禁忌

(1)忌只顾与熟人谈话,不为双方介绍,让其他人尴尬地站在一旁。

(2)忌介绍人只介绍一方,忘记介绍另一方。

(3)忌介绍内容过多。要考虑是否有必要、对方是否有兴趣或介绍内容是否涉及隐私等。

图 5-2 介绍顺序有先后

三、握手

（一）方法

（1）握手时，两人相距约一步，上身稍向前倾，伸出右手，四指并拢，拇指张开，双方的手掌与地面垂直，相握3秒钟左右，男士之间握手，可适当用力，以示热情。

（2）男女之间握手的力度不宜过大。握手时应注视对方，微笑致意或进行简单的问候、寒暄。

（二）顺序

握手的顺序主要本着"尊者优先"原则。在正式场合，握手时伸手的先后次序主要取决于职位、身份。在一般场合，则主要取决于年龄、性别、婚否。

（1）职位高的人与职位低的人握手，应由职位高的人先伸手。

（2）职位相同时，若长辈与晚辈握手，应由长辈先伸手。

（3）职位、辈分相同时，若男士与女士握手，可按照"女士优先"原则由女士先伸手，以彰显男士风度。

（4）已婚者与未婚者握手，应由已婚者先伸手。

（5）教师与学生握手，应由教师先伸手。

（6）主人待客时，应主人先伸手；客人告辞时，可由客人先伸手。

（三）禁忌

（1）忌用左手与他人握手。

（2）忌"三明治"式握手（即双手握单手）。尤其忌用双手与异性握手。

（3）忌交叉握手。握手应当按照顺序依次而行，尤其注意不要两人握手时与另外两人相握的手形成交叉状。

（4）忌戴手套握手。但在社交场合，女士戴与西式礼服相配套的薄纱手套与人握手是被允许的。

图 5-3　忌用双手与异性握手

（5）忌与他人握手时另一只手插在口袋里。

（6）忌面无表情，一言不发，眼神飘忽不定，无视对方的存在。

（7）忌室内握手戴墨镜，患有眼疾或眼部有缺陷者除外。

（8）忌将对方的手拉过来、推过去，或者上下左右抖个不停。

（9）忌仅握住对方的指尖。

（10）忌用不洁或者患有传染性疾病的手与他人相握。

（11）忌握手完毕立即擦拭双手。

（12）忌拒绝与别人握手。

四、鞠躬

（一）姿势

（1）挺胸，站直，保持姿态端正。

（2）膝盖、脚跟并拢。女士在鞠躬时，以左脚在前的丁字步站立为宜。男士在鞠躬时，两腿并拢夹紧，两脚尖开合约一拳距离。

（3）头、颈、脊背成一条直线。鞠躬时，整个上半身应呈直线，以腰为轴向前倾，后背要挺直，不要驼背，注意千万不要仅把头低下去。

（4）手指并拢。鞠躬时，不宜将双手背于体后。女士应并拢手指，右手叠在左手上置于腹前，鞠躬时，双手沿鞠躬幅度向下滑动。男士也可采取这种方式，也可以五指并拢置于体侧

（5）鞠躬时，应脱帽立正，双方距离二米左右。

（二）度数

（1）在行鞠躬礼时，下弯的幅度越大所表示的尊敬程度就越大。

（2）一般在与别人打招呼时，鞠躬角度约为 15 度。

（3）在正式场合，鞠躬角度约为 30 度。

（4）在感谢、忏悔等充分表达自己心情的场合，鞠躬角度为 60～90 度。

图 5-4　鞠躬度数有讲究

(三)禁忌

(1)要注视对方眼睛后鞠躬,站直后再次注视对方眼睛并问候。鞠躬时,视线应落在对方脚下,表示对对方有诚意。

(2)鞠躬主要用于向他人表示感谢、忏悔、领奖或演讲之后,演员谢幕,举行婚礼或参加追悼活动等。

(3)鞠躬的次数,视具体情况而定,一般同一对象只鞠躬一次,追悼活动用三鞠躬。结婚"三拜"鞠躬的对象都变换了,不一样。

五、名片

(一)递名片

(1)参加正式活动时,要准备好名片并放入专门的名片夹中,装在易于取出的包、袋中。

(2)递送名片时,应起身站立,走到对方面前,面带微笑,眼睛友好地注视对方,用双手将名片正面对着对方送

图 5-5　递送名片

上,切忌用左手递送名片。若对方是外宾,最好将名片上印有英文的一面朝向对方。

图 5-6　接名片

(3)将名片递给对方时,应同时配以口头的介绍和问候。

(4)如果同时向多人递送名片时,可按由尊而卑或由近而远的顺序依次递送。

(二)接名片

(1)接受他人名片应毕恭毕敬,起身站立,面带微笑,目视对方。

(2)接受他人名片时,应当双手捧接,口称"感谢"。

（3）接过名片后，应捧在面前，从头到尾认真地看一遍，最好能将对方姓名、职务或职称轻声读出来，以示尊重。

（4）将对方名片收藏于自己的名片夹中或上衣口袋中，随后递上自己的名片。如果没有或没带名片，应向对方说明原因，并表示歉意。

（三）索取名片

1. 交易法

想索要他人名片时，最省事的办法就是把自己的名片先递给对方。所谓"来而不往，非礼也"，当你把名片递给对方时，对方一般会回赠名片给你。

2. 激将法

有的时候遇到的交往对象地位身份比我们高，或者为异性。这种情况下把名片递给对方，对方很有可能不回赠名片。遇到这一情况，不妨在把名片递给对方的时候，略加诠释，如："王总，我非常高兴能认识您，不知道能不能有幸跟您交换一下名片？"此时，对方一般会回赠名片。

3. 谦恭法

在索取对方名片之前，稍做铺垫，以便索取名片。如见到一位研究电子计算机技术的专家，可以说："认识您我非常高兴，虽然我用电脑已经四五年了，但是与您这种专业人士相比相形见绌，希望以后有机会能够继续向您请教。不知道以后如何向您请教比较方便？"前面的一席话都是铺垫，只有最后一句话才是真正的目的。谦恭法一般是对地位高的人，对平辈或者晚辈就不大合适。

图 5-7　互相交换名片

4. 联络法

面对平辈和晚辈时，不妨采用联络法。联络法的标准说法是："认识你太高兴了，希望以后有机会跟你保持联络。不知道怎么跟你联络比较方便？"

六、交谈

(一)基本要求

1. 态度诚恳亲切

说话时的态度是决定谈话成功与否的重要因素。因为双方在谈话时始终都在观察对方的表情、神态,反应极为敏感,所以谈话中一定要给对方一个认真和蔼、诚恳的感觉。

2. 措辞谦逊文雅

措辞的谦逊文雅体现在两方面:对他人应多用敬语、敬辞,对自己则应多用谦语、谦辞。谦语和敬语是一个问题的两个方面,前者对内,后者对外,内谦外敬。

3. 语音、语调平稳柔和

一般而言,语音、语调以柔和为宜。有善心才有善言,因此首先应加强个人的思想修养和品行修炼,同时还要注意在遣词用句、语气语调上的一些特殊要求。例如,应注意使用谦辞和敬语,忌用粗鲁污秽的词语;在句式上,应少用"否定句",多用"肯定句";在用词上,要注意感情色彩,多用褒义词、中性词,少用贬义词;在语气、语调上,要亲切柔和、诚恳友善,不要以教训人的口吻谈话或摆出盛气凌人的架势。在交谈中,要眼神相互交汇,带着真诚的微笑,微笑将增加感染力。

4. 谈话要掌握分寸

在人际交往中,哪些话该说,哪些话不该说,哪些话应怎样去说才更符合人际交往的目的,这是交谈礼仪应注意的问题。一般说,善意的、诚恳的、赞许的、礼貌的、谦让的话应该说,且应该多说。恶意的、虚伪的、贬斥的、无礼的、强迫的话不应该说,否则只会造成冲突,破坏关系,伤及感情。有些话虽然出自好意,但措辞用语不当,方式方法不

图 5-8　交谈要注意分寸

妥,好话也可能引出坏的效果。所以,语言交际必须对说的话进行有效的控制,掌握说话的分寸。

图 5-9　交谈要合理掌握时间

(二)交谈雷区

1. 不要挑剔他人

交谈过程中如果总是挑剔他人的毛病,会让他人心情不好,不利于交谈的进行。应该从积极的角度思考,正确理解他人的想法和心情。

2. 不要长篇大论

交谈讲究的是双向沟通,不要只顾自己说,不给他人说话的机会。

3. 不要冷场

不论交谈的主题是否与自己有关,自己是否有兴趣,都应热情投入,积极配合。

4. 不要插嘴打断他人说话

即使要发表个人意见或进行补充,也要等他人把话讲完,或征得他人同意后再说。

图 5-10　交谈时不问收入

5. 不要拖太久时间

良好的交谈应该注意见好就收,适可而止。普通场合的谈话,最好在 30 分钟以内结束;一般交谈控制在一小时内。

6. 不要过分谦虚

受到表扬的时候,可以把自己快乐的心情直接告诉对方,比只是谦虚效果会更好。

7. 坚持"六不问"原则

年龄、婚姻、住址、收入、

经历、信仰,属于敏感的问题,在与他人交谈中,不要好奇询问,也不要问及他人的残疾和需要保密的问题。

(三)交谈禁忌

(1)不要非议国家、党和政府。

(2)不要涉及国家秘密与行业秘密。

(3)不要随便非议交往对象。

(4)不要背后议论领导、同行和同事。

(5)不要谈论格调不高的话题。

(6)不要涉及个人隐私问题。

图 5-11　交谈不打探隐私

七、移动电话

(一)通话声音适度

在接打电话时,不要妨碍他人,以免引起反感。电梯、车厢、餐厅等狭小空间内,应长话短说,并尽量压低声音,减少对别人的干扰。有些地方会有信号的死角,导致信号不良或通信中断。遇到这种情况,可以先行挂断,等会儿再联络,或改变通信方式再联络。

(二)遵守公共秩序

不要在开会、上课、听报告、看电影时使用移动通信工具。图书馆、音乐厅、电影院、展览馆等场合应主动关机或设置为振动、静音状态,有来电时,应迅速离开现场,到不妨碍他人的地方去接听。

图 5-12　交谈声音要适度

（三）注意安全使用

由于移动通信工具的特殊性，使用时必须把"安全"放在第一位。不要在驾驶汽车时使用移动通信工具，以防止发生车祸，害人害己；不要在医院使用移动通信工具，以免影响仪器正常工作，妨碍病人的治疗；不要在飞机上使用移动通信工具，以免飞机发生危险。

图 5-13　使用手机要注意安全

八、网络交流

（一）尊重

（1）要礼貌用语、文明交流，不要诽谤、侮辱、谩骂他人。

（2）要遵守礼仪规范，不要有违反公德的行为。

（3）要尊重他人的网上著作权，不要有网络抄袭、剽窃、盗版等侵权行为。不要散发无法断定的信息。

（4）群发邮件要慎重，不要发送电子垃圾邮件。

（5）要网上网下行为一致，不要进行商业欺诈、盗取钱财和政治、宗教劝诱等违反法律的行为。

（二）安全

（1）QQ、微信、易信等是人与人之间交流方式的补充和辅助，不能直接代替电话和面对面直接交流。

（2）要尊重他人隐私，不要盗用他人的账号与密码。

（3）要诚实守信，不要传播谣言、散布虚假和无法断定的

图 5-14　网络交流不要诽谤他人

信息。

（4）要维护网络安全和网络秩序，杜绝攻击网站、网页和制造、传播网络病毒等有碍网络系统的行为。

（5）不要随便在网上留下单位电话、个人联系方式、个人信息，以免被骚扰。

（6）要增强自我保护意识，不要随意进行网络约会，不浏览、转播淫秽、低俗、暴力、迷信等网络信息。

（7）验证码不要轻易泄露给他人；不要轻易打开不明的链接网址。

九、馈赠礼品

（一）选择礼品

1. 注重真情

要将礼品看作友情和敬意的物化，通过赠送礼品表达对对方的情谊和尊重。礼品如果能融进和体现送礼人的情感，就是最好的礼品。

2. 因人而异

（1）根据双方不同的关系选择礼品。选择礼品时，要区分是公务交往还是私人应酬，是新朋友还是老朋友，是同性还是异性，是中国人

图 5-15　选择礼品要注重真情

还是外国人，是商务往来还是文化交流等。

（2）要根据对方的兴趣爱好选择礼品。选择礼品，要站在受赠者的立场上，多为受赠者考虑。如果礼品适合受赠者的兴趣和爱好，它的作用就会倍增。否则用之无处，弃之可惜，会让人进退两难。

（3）要根据不同的目的选择礼品。要考虑选择的礼品是用于迎接客人，还是告别远行；是

图 5-16　要根据对方喜好选择礼品

慰问看望,还是祝贺感谢;是节假良辰,还是婚丧喜庆等。

3.尊重习俗

(1)要尊重因风俗习惯、民族差异和宗教信仰等形成的禁忌。

(2)要尊重个人的禁忌。

(3)要遵守国家的有关法律规定,不能选择违法违规的物品做礼品。

(二)如何馈赠

1.精心包装

包装是礼品的外衣,精美的包装可以反映出送礼者的情趣和心意。不重视包装,会导致礼品的"贬值",甚至使受礼人有被轻视的感觉,在国际交往中,尤其要注意。

图 5-17　礼品要精心包装

2.选择时机

赠送礼品如果选准了时机,会让双方皆大欢喜。一般要选择节假良辰、婚丧喜庆之时,向对方表示祝贺、感谢、慰问之情。

3.赠送得法

(1)礼品最好当面赠送。这样做可以更好地叙谈友情、加深感情。

图 5-18　赠送礼品要时机恰当

当面赠礼,送礼人要神态自然、举止大方,双手把礼品送给受礼者。

(2)赠送礼品时,要简短、热情、得体地加以说明,表明送礼的原因和态度。如有必要,可对礼品稍作介绍和说明,说明要恰到好处,不应过分炫耀。

(3)对自己带去的礼品,不应自贬、自贱,防止引起对方的误会。

图 5-19　介绍自带礼品要适度

（三）接受礼品

（1）接受礼品时，应停下正在做的事，起身站立，双手接受礼品，然后伸出右手，同对方握手，并向对方表示感谢。一般情况下，对他人诚心诚意送的礼品，只要不违法违规，应该大方接受。

（2）接受礼品时态度要从容大方，恭敬有礼，不可扭捏失态，或盯住礼品不放，或过早伸手去接。

（3）接过礼品后，是否要当面打开要符合习俗或国际惯例。

图 5-20　接受适宜礼品要大方

（4）礼品启封时，要注意动作文雅、文明，不要乱撕、乱扯，随手乱扔包装用品。

（5）开封后，受赠者可以采取适当动作对礼品表示欣赏之意，然后将礼品妥当放置，并向赠送者再次道谢。

（四）拒收礼品

（1）把握好原则和分寸。不能接受他人赠送的礼品时，要讲明原因，婉言谢绝。拒收对方的礼品，要讲究方式方法，给对方留有余地，不要使对方产生误会和难堪。

（2）忌礼品接受后再退还。一般情况下，拒收礼品应当场进行，并坦率地或者委婉地讲明不能接受的原因和理由，对对方的心意表示感谢。

（3）退还礼品要及时完

图 5-21　拒收礼品要得法

整。确因某些原因难以当场退还礼品时,也可以采取收下后再退回的办法。最好在 24 小时之内将礼品退还本人,要保证礼品的完整,不要拆启封口后再退还或者用过之后再退还。

十、宴请

(一)桌次安排

离主桌越近,桌次越高;离主桌越远,桌次越低;平行桌以右为高,左为低。桌数较多时,应摆设桌次牌,以便客人辨认入座。

(二)座次安排

面门居中位置为主位;主左宾右,分两侧而坐;或主宾双方交错而坐。一般主陪坐在面对房门的位置,主宾坐在主陪的右手,次宾坐在主陪的左手,其他客人按一右一左的顺序排座。如果场景有特殊因素,应视情况而定。

图 5-22　就餐要注意吃相

(三)注意事项

(1)宴会开始后,方可动筷。

图 5-23　就餐要文雅

(2)新菜上桌,一般应让主人、主宾或年长者先用。

(3)夹菜时不宜在盘里挑挑拣拣、翻来翻去,一次夹菜不宜太多,不宜把盘里的菜拨到桌上。

(4)不宜将自己的筷子伸入有汤的器皿中。

(5)进餐时,要细嚼慢咽,闭嘴咀嚼,不要咂嘴发出声响。

(6)喝汤时不要发出声响。

(7)咳嗽、打喷嚏时应侧身掩口,剔牙时应用手或餐巾遮口。

(8)餐巾、餐巾纸或小毛巾可用来擦手或嘴,但不宜用来擦头颈或胸脯。

(四)使用筷子

(1)忌敲筷。不宜用筷子敲打碗盘或杯子。

(2)忌掷筷。用餐前发放筷子,不能随手向他人掷去。

(3)忌叉筷。筷子不能一横一竖交叉摆放,不能搁在碗上。

(4)忌插筷。不能将筷插在饭碗里。

(5)忌和筷。夹菜时不能用筷子在菜盘里和来和去,上下乱翻;甚至与别人的筷子"打架"。

(6)忌舞筷。说话时不要把筷子当作道具,在餐桌上乱舞。

(五)饮酒禁忌

(1)饮酒要量力而行,留有余地。

(2)主人斟酒时,客人要道谢。

(3)敬酒时应表示祝愿、祝福。主人敬酒,客人应当回敬主人。客人若不善饮酒,可婉言谢绝主人的敬酒,或用饮料代替。

(4)提议干杯应起身站立。

(5)不应强行劝酒或竞相赌酒,不应猜拳行令、大声喧闹、粗野放肆。

图 5-24 敬酒不劝酒

十一、做客

(一)提前预约

不做不速之客,尽可能事先约定一个时间,让被访者有所准备,以免扑空或打乱对方的日常安排。

(二)择时拜访

拜访要选择对方方便的时间。一般可以在假日的下午或平时晚饭后拜访,拜访时间的选择以不干扰被访者的正常工作和生活为原则。

(三)失约致歉

如果因特殊情况不能前去拜访，一定要设法通知对方，并表示歉意。轻易失约或者早到、迟到都是不礼貌的。

(四)适携礼品

到被访者家中拜访，可根据具体情况带些礼品以表敬意。

(五)注重仪表

访友时，要注意仪容仪表整洁，以表示对朋友的尊重。

图 5-25　拜访时间要适宜

(六)文明做客

做客时，要举止稳重，不能过于随便。进屋后，无论认识与否，都要主动打招呼。主人上茶，要起身双手相迎，并致谢。征得主人同意后，方可吸烟。要保持主人室内清洁，不乱弹烟灰或乱扔果皮，不能随意动主人的书籍、信件、抽屉或橱柜。

(七)时间适宜

和朋友交谈注意掌握时间，整个访友的过程不宜太长。

(八)礼貌告别

离开时要主动告别，不辞而别是不礼貌的。道别时要向在座的其他人致意。出门后，要请主人留步并致谢。

十二、探望病人

(一)遵守规章

要在医院规定的探视时间内，到医院探视病人，按要求进入和离开。

(二)注意防病

探望病人之前，应对病人的病情有所了解，如探视患传染性疾病的病人，要尽量避免接触病人的衣物、用具，更不要带小孩去医院。

(三)言行得当

进病房前要轻轻敲门,然后再进去,到病床前先把礼品放下,主动上前握手,不能握手时,可探身致意,然后在病人身旁的椅子上坐下。与病人交谈时,多说安慰、开导的话,说话时目光不要旁顾,声音要适当,不要影响其他病人。

(四)控制时间

探望病人时间不宜过长,10分钟左右即可起身告辞。询问病人有什么事情需要帮助,再嘱咐病人安心治疗,抽空再来探望。

(五)慎选礼品

一般情况下,探望病人以滋补品、水果、鲜花为宜。探望特殊病人,不宜选择对其病情有影响的礼品。

图 5-26　探望病人慎选礼品

十三、接待来客

(一)热情

(1)主人应热情迎客,寒暄问候,如客人手提重物,应主动接提。

(2)对初次来访的客人,要向自己的家人介绍,并将家人介绍给客人。

(3)客人入座后,主人应送上水果、茶水、咖啡等小吃或饮料,请客人食用。一般不要敬烟。

(4)如要安排客人就餐、留宿等,应真诚相待。

(5)客人告辞,应予挽留。客人执意要走,应起身相送,友好话别。

(二)友好

(1)请客人入室并安

图 5-27　家庭待客要热情

排座位,请客人入座。

(2)如果主人正忙于下厨或其他脱不开身的事,应送上报纸或打开电视让客人看,或招呼家人与客人交谈,不要冷落客人。

(3)与客人交谈要平等、友好,选择共同感兴趣的话题。不能只顾自己讲,而要相互交流。

十四、邻里关系

(一)互相尊重

(1)邻里之间要团结互助,合理使用公共空间和设施。

(2)不高空抛物,不侵占共用部位,不堵塞消防通道。

(3)不随便吐痰,不乱扔瓜果皮核及其他污染环境的东西,应经常主动清扫卫生。

(二)睦邻友好

(1)进行室外文体活动、露天表演等时,合理使用场地、设施和音响器材,不影响他人休息、学习。

(2)使用音响设备时,应注意照顾邻居,将音量开到适当程度。

(3)爱护动物,饲养宠物得不妨碍他人生活和社会环境,不虐待、遗弃饲养的宠物。

图 5-28　邻里之间要团结互助

十五、朋友相处

(一)真诚待人

友谊是双方在交往中逐步培养起来的,而真诚相待是友谊成长的沃土。朋友间肝胆相照,才能建立和发展真挚的友谊。缺乏真诚,不会获得真正的友谊。

(二)相互尊重

作为朋友,必须求同存异,尊重对方的个性和看法,并能接受对方真诚的意见。由于年龄、经历、性格等方面的不同,朋友间不可能在任何问题上都能达成一致,出现差异或分歧是正常的。

(三)重义守信

重义守信是为人处世的基本原则,也是维系友谊的重要条件。对朋友的关怀和帮助要铭记在心,对朋友的困难要鼎力相助,对自己作出的承诺要努力兑现,这是最基本的为友之道。

(四)患难与共

俗话说,患难见真情,真正的友谊经得起任何考验。

图 5-29　对待朋友要真诚

人在患难时才最需要别人的关心与帮助。人世间最让人寒心的事情,莫过于朋友有难而袖手旁观。

图 5-30　朋友间要患难与共

家庭礼仪

家庭礼仪是指夫妻和有血缘关系的人之间的礼仪,家庭礼仪是家庭和睦的保证,是社会和谐的基础。

一、夫妻相处

(一)互相尊重

尊重对方的人格、性格、爱好、隐私以及对方的感情需求。不拿自己妻子或丈夫的缺点跟别人的妻子或丈夫的优点比,不经常提及对方的缺点或为了提高自己而贬低对方。

(二)互相赞赏

经常赞美对方,特别是当对方取得了一定成绩后,适时地加以由衷的赞美。

(三)互相关心

既关心对方的事业、前途,更要关心其日常生活中的细微之处。夫妻应共同承担家务事,丈夫不妨多干点力气活。

(四)相互宽容

对对方的缺点和失误要大度一些,不能过于指责和挑剔。

图 6-1　夫妻要互相尊重

二、父母与子女相处

(一)言传身教

(1)父母应言行一致,要求子女做到的自己首先要做到,要求子女不做的自己首先不做。

图 6-2 父母要言传身教

(2)不溺爱或放纵子女。批评子女要循循善诱,启发引导,凡事摆事实、讲道理,以理服人而非以势压人,切忌当着他人的面批评孩子。

(二)互相尊重

(1)父母平时多表扬、多鼓励孩子。对孩子提出的问题,父母尽量给予答复,让他们从小就树立自尊心和自信心。

(2)父母与子女要经常进行交流和沟通。及时交流思想,增进相互理解和尊重。

三、孝敬父母

(一)知礼感恩

父母呕心沥血地抚育、教育子女,为人子女当怀感恩之心,与父母和谐相处。

(二)敬爱父母

父母为了家庭里外操劳,子女要懂得体谅、敬爱父母。对于父母的批评与指教,子女应洗耳恭听,认真接受。即使言词有些偏差,也应理解父母,切不可强词夺理,当场顶撞,或是不屑一听,扬长而去。

《弟子规》中有许多为人子女的规范,值得学习和借鉴。如"父母呼,应勿缓;父母命,行勿懒;父母教,须敬听;父母责,须顺承",意思是:父母呼唤,应及时回答,不要慢吞吞的很久才应答;父母有事交代,要立刻动身去做,不可拖延或推辞偷懒;父母教导我们做人处事的道理,应该恭敬的聆听;做错了事,父母责备教诫时，应当虚心接受，不可强词夺理，惹父母生气、伤心。

（三）孝顺体贴

"百善孝为先"，孝顺父母是中华民族的传统美德，是每个人应尽的义务。不仅要在物质上、生活上给予扶助和照料，还应在精神上给予慰藉。要时常探望父母，关心他们的身体、工作等。

图6-3　要孝敬父母和尊敬长辈

四、婆媳相处

（一）以礼相待

（1）儿媳要孝敬婆婆，视婆婆如母亲，以礼相待，多体谅老人。

（2）婆婆要理解尊重儿媳，以对待自己女儿的心态与儿媳相处。

（二）礼让体谅

（1）当婆媳有矛盾时，儿媳不应迁怒于丈夫，或在丈夫面前搬弄是非、挑拨离间，应礼让为先。

（2）婆媳之间有了矛盾，应立即处理，直接沟通，以真实的感受为出发点，不宜形成婆媳之间的"冷战"。

五、兄弟姐妹相处

《弟子规》有言"兄道友，弟道恭，兄弟睦，孝在中"，启发我们应处理好同辈关系。

（一）相互团结

不要听不得对方的逆耳之言，见不得对方的逆己之

图6-4　婆媳要以礼相待

事,不要听信他人的是非之言,也不要事事争强好胜,更不要在同辈亲属之间争风吃醋、挑拨离间。

(二)相互激励

兄弟姐妹身在社会之中,工作在不同的岗位,应该以工作和事业为重,比贡献,比成绩。

(三)相互关心

兄弟姐妹应互相爱护,互帮互助,共创美好生活。

(四)相互谦让

兄弟姐妹之间发生矛盾和分歧,应以团结为重,宽厚待人,谅解谦让,共同创造温馨祥和的文明家庭氛围。

(五)心怀感恩

对于来自同辈的爱护和帮助,要怀感恩之心,不要认为对方天生就该如此。

图 6-5　兄弟姐妹要互相关心

六、妯娌相处

(一)尊重体谅

(1)小事要糊涂,不斤斤计较。

（2）有了矛盾自己解决，不给丈夫出难题。

（二）沟通协商

（1）凡事多商量，经常来往多沟通。

（2）不在背后说三道四，不嫉妒对方。

（3）多讲对方的好话，要有大家庭的荣辱感。

七、生日聚会

图 6-6　妯娌要互帮互助

（一）事先准备

（1）生日前主人要打扫好卫生，对房间进行适当装饰。客人到达时要主动到门口迎接。

（2）应邀前往的客人应准时到达，赠送礼物。

（二）生日庆贺

（1）生日蛋糕上所插生日蜡烛的支数要与生日主人的年龄相对应。一般 20 岁以下可用 1 支蜡烛代表 1 岁，20 岁就插 20 支，20 岁以上者，可用 1 支大蜡烛代表 10 岁，1 支小蜡烛代表 1 岁来表示。

（2）生日晚会结束后，生日主人应将客人送至门外，并再次向客人表示感谢。

图 6-7　家庭生日聚会

八、文明使用楼道

（1）上下楼梯，脚步尽量放轻些，不要在楼道中大声喧哗。

（2）保持楼道整洁，不在楼道里丢弃果皮、纸屑，不乱写乱画。

（3）不占用楼道，不在楼道里堆杂物、停放自行车。

图 6-8　文明使用楼道

九、登门拜访

(一)提前预约

拜访前应预约时间。如确需临时造访或推迟拜访，应征得主人同意并表示歉意。在时间选择上，应尽量避开用餐时间。

(二)按时拜访

（1）进门前先轻声敲门或揿按门铃，等到主人招呼进门后方可入内。进门后，向主人及其在场家人问好，如有其他客人在场，也应问好。

（2）与主人交谈时，可以对主人的家庭状况作一般了解，但不可盘问细节。如有要事商谈，尽快进入正题；交谈过程中，注意倾听，不可独自滔滔不绝。

(三)礼貌告辞

告辞时，对主人及其在场家人的接待表示感谢。出门后，主动请主人"留步"。

图 6-9　邻里互相拜访

十、家庭待客

(一)提前准备

整理房间,准备合适衣着,备齐用品,提前等候。

(二)热情迎客

热情迎接问候,让进屋内;若有他人在场,应予相互介绍。

(三)礼貌待客

先请客人落座,主人后坐下;送上饮品或点心;专注交谈,不宜不停起身,或一边看电视一边交谈,或经常暗示时间。

(四)送别客人

起身相送,一般应送到电梯口、楼下或大门口,挥手致意,目送客人远去。

图 6-10　家庭热情待客

人生礼俗

人生礼俗在古代贯穿了人的一生,包括诞生礼、成童礼、拜师礼、成人礼、婚礼、相见礼、饮食礼、日常礼仪、祝寿礼仪、丧礼、葬礼、祭礼等。

现代的人生礼俗,即民俗活动中体现出来的各种人生礼仪,是一般人生活中的礼仪实践。一个人从出生到死亡可以划分为许多重要阶段,在人生的不同阶段,一个人必须接受与其地位、职责相关的价值观念和行为准则,从而确定其身份、角色及与之相应的权利和义务。每个人的人生历程都是从一个阶段走向另一个阶段的过程。人生礼俗就是整个人生历程的实际见证和标志。

一、生育礼俗

(一)出生

(1)按照习俗,婴儿出生后,要向产妇的娘家及亲戚报喜、给亲朋好友送喜蛋。

(2)婴儿出生后,一般由祖父母或父母给起名字。

(3)产妇分娩以后,一个月内会受到重点呵护,习称"坐月子"。

(二)庆贺

(1)婴儿出生一个月,俗称满月,家人可在此日设宴祝贺。

(2)婴儿出生百日谓之"过百岁",也叫"过百日",也可设宴祝贺。

(3)婴儿一岁时可举办抓周仪式。这种习俗,在民间流传已久,它是小孩周岁时举行的一种预测前途和性情的仪式,是第一个生日纪念日的庆祝方式。它与产儿报喜、三朝洗儿、满月礼、百日礼等一样,同属于传统的诞生礼仪,其核心是对生命延续、顺利和兴旺的祝愿,反映了父母对子

图 7-1 生育礼俗

女的舐犊情深,具有家庭"游戏"性质,是一种具有人伦味、以育儿为追求的信仰风俗,也在客观上检验母亲是如何对孩子进行启蒙教育的。

(三)成人礼

1. 冠礼和笄礼

古代男子 20 岁左右、女子 15 岁后,即男成年许婚、女子许嫁的年纪,举行冠礼与笄礼。

2. 现代成人礼

一般少男、少女年满 18 岁时举行的象征迈向成人阶段的仪式。世界各国和各地都有自己的成人礼仪式。

二、婚嫁礼俗

(一)传统婚礼"六礼"

"六礼"指从议婚到完婚过程中的 6 种礼节,即纳彩、问名、纳吉、纳征、请期、亲迎。

(1)纳彩:男方家请媒人去女方家提亲,女方家答应议婚后,男方家备礼去求婚。

(2)问名:男方家请媒人问女方的名字和生辰八字。

(3)纳吉:男方家将女方名字、生辰八字取回后,在祖庙进行占卜。

(4)纳征:也叫纳币,就是男方家把聘礼送到女方家。

(5)请期:男方家择定婚期,备礼告知女方家,请女方家同意。

(6)亲迎:男方家(新郎)亲友到女方家(新娘)迎娶。

(二)现代婚礼一般流程

(1)选日子:结婚当天的好日子被叫作"正日子",正日子一般都是由新郎家选择,而非正日子也叫"待客日"则是由新娘家定,一般待客日要比正日子早 3～4 天。

(2)迎亲:婚礼当天,男方亲友到女方家来接亲。要经过一系列的"入门"仪式才能开门,新郎一般以花球迎娶新娘。

图 7-2　婚嫁礼俗

（3）婚礼：新娘改口叫公婆为爸妈，婆婆改口费是给红包。婚礼的举行全国各地大同小异，由司仪主持婚礼仪式，酒宴开始之后等到上鱼的时候新郎新娘换上传统服饰给亲朋好友敬酒，酒宴结束后到门口送客。彩礼的多少视双方的经济条件商议给女方家长即可，婚庆仪式反对铺张浪费，提倡从简或者新式婚礼，如集体婚礼、旅游结婚等。

（4）回门：三天后新郎陪新娘回娘家，但必须在太阳下山之前回男方家，如果新娘家是外地的住得很远，那就得九天后才能回门。

三、祝寿礼俗

(一)备好寿礼

寿礼一般可选包装精美、做工精细，含有祝贺健康长寿、吉祥如意等意义的食品或物品。

(二)选好服饰

"寿星"应穿色调明快、含有吉庆之意的红、黄等颜色的服装，整洁庄重，不宜穿全黑、全白或黑白相间的服装。

(三)语言祝贺

常用祝寿语有：福如东海、寿比南山；寿星高照、松鹤延年；身心愉快、天地比寿；如松如柏、青春永驻等。忌说"死"、"病"、"灾"之类不吉利的话。

图7-3　祝寿语言

四、丧葬礼俗

(一)丧礼

《礼记·昏仪》记载:"夫礼始于冠,本于昏,重于丧祭,尊于朝聘,和于射乡,此礼之大体也。"丧礼是指人去世之后、下葬前的一系列礼仪,是古代凶礼的代表。因为古人避讳称呼"死",所以称之为"丧"。

1. 古代丧礼

(1)寿终正寝:古时候,居住的地方都有正寝(外寝)和燕寝(内寝)。燕寝是日常居住和生活的地方,正寝除非身体不适或者需要调养才住。住在正寝,不是睡在床上,而是头朝东脚朝西睡在席子上,断气之后再移到床上。

(2)招魂:亲人呼唤名字将过世人的灵魂叫回来。

(3)报丧、吊唁:断定亲人去世,派人给亲友报丧。亲友收到报丧,要前来吊唁表示哀悼,并慰问家属。

(4)入殓:为过世的人清洁身体,整理遗容,戴帽穿衣穿鞋。

(5)朝夕哭奠:面对亲人的去世,亲属们整日沉浸在悲伤的气氛中。

(6)卜地和卜期:请人卜卦选择墓地和下葬日期。

2. 现代丧礼

由于各民族文化传统、风俗习惯差别极大,现代丧礼就不一一赘述。

(二)葬礼

在传统观念里,人去世后,将其埋葬在土地中,过世的人才能得到安息,即"人死为大,入土为安"。

1. 古代葬礼

(1)启殡告别祖先:将过世的人从堂前抬出来到祖庙向列祖列宗告别。

(2)送殡:把棺木或抬或拉向墓地,准备陪葬品。

(3)下葬:在过世的人下葬之前,举行最后一次祭祀,再将过世的人安葬到墓穴里面。采用坟丘的形式,是为了标示墓地和方便亲人祭祀。

2. 现代葬礼

由于各民族文化传统、宗教信仰差异极大,产生了不同的葬礼风俗,有的盛大隆重,有的简易朴素,有的充满宗教色彩,有的科学而卫生。大部分民族都采用了火葬的方式,部分民族还保留着土葬、海葬、水葬等其他形式,一般葬礼都有殡仪、举哀、安葬等程序。

(三)祭礼

丧葬不是我们与亲人交往的终点,对亲人的追思表现出来的就是祭祀。祭礼是祭祀者整顿身心、庄重虔诚通过祭祀活动,实现与祖先感通,表达缅怀、感恩和祈祷的礼仪。现代社会,人们在特定的节日要祭祀祖先,虽然仪式大为简化,但是追念祖先、缅怀祖先的内涵一直在延续。

图 7-4　文明祭奠

涉外礼仪

涉外礼仪，是涉外交际礼仪的简称。即，中国人在对外交际中，用以维护自身形象、对对外交往对象表示尊敬与友好的约定俗成的习惯做法。

一、基本原则

(一)求同存异

各国礼仪习俗存在着差异，重要的是了解，而不是评判是非、鉴定优劣。要遵循"求同存异"原则，"求同"就是遵守礼仪的"共性"；"存异"则是不可忽略礼仪的"个性"。比如，世界各国的人往往使用不同的见面礼节，其中较常见的就有日本人的鞠躬礼，韩国人的跪拜礼，泰国人的合十礼，中国人的拱手礼，阿拉伯人的按胸礼，欧美人的贴面礼、吻手礼和拥抱礼等。这些礼节各有讲究，都属于礼仪的"个性"，与此同时，握手作为见面礼节，则可以说是通行于世界各国，与任何国家的人士打交道，以握手这一"共性"礼仪作为见面礼节都是通用的。

(二)注重形象

涉外交往中的基本着装规范是：女士看头，男士看腰。女士看头是指看发型，如染色、长度等。女士通常是不应该染彩色发的，除非把花白的头发染黑。另外，头发不宜过长，一般不长于肩部。对于一个有社会地位的男士，在大庭广众前腰上是不挂任何东西的。

(三)不卑不亢

要意识到个人代表自己的国家、民族、所在单位，言行应优雅得体，堂堂正正。不应表现得畏惧自卑、低三下四，也不应表现得狂傲自大、目中无人。

(四)信守约定

认真严格地遵守自己的所有承诺，说话务必算数，许诺一定要兑现，约会必须如约而至。万一由于难以抗拒的因素，不能赴约，应及早向对方通报，如实说明原委，并要向对方致以歉意，必要时应主动承担由于你的失约给对方造成的物质损失。

(五)入乡随俗

在涉外交往中注意尊重外国友人所特有的习俗，容易增进中外双方之间的理解和沟通,有助于更好地、恰如其分地向外国友人表达我方的亲善友好之意。要真正做到尊重交往对象,首先就必须尊重对方所独有的风俗习惯。当自己身为东道主时,通常讲究"主随客便";而当自己身为客人时,则要讲究"客随主便"。

(六)尊重隐私

在对外交往中话题不要涉及收入支出、年龄、婚姻、健康状况、家庭住址、个人经历、信仰政见等个人隐私。

(七)内外有别

不仅待人要热情友好,更为重要的是要把握好待人热情友好的具体分寸。否则会事与愿违,过犹不及,会使人厌烦或怀疑你别有用心。要分清内外,注意私密。

(八)谦虚适当

一方面反对一味地抬高自己,但也绝对没有必要妄自菲薄,自我贬低,自轻自贱,过度对人谦虚客套。

(九)女士优先

在一切社交场合,要尊重、照顾、体谅、关心、保护女性。

(十)以右为尊

并排站立、行走、就座、会见、会谈、宴会席次桌次、乘车、挂国旗等都应遵循"以右为尊"的原则。

图 8-1　西方礼仪"女士优先";
中国传统礼仪"长幼有序"

二、禁忌

(一)数字

(1)日本人举止庄重,谈吐文雅,图吉利,避凶祸,在日常生活和社会交往中对数字有不少忌讳:如忌讳数字"4"、"6"、"9"以及由其组成的数字"14"、"16"、"19"等,忌"13",忌讳三人并排合影。

(2)受西方习俗影响,不少韩国人也不喜欢"13"这个数字,除此以外,韩国人喜欢单数、不喜欢双数。

（3）新加坡人不喜欢数字"7"。

（4）受基督教影响较深,澳大利亚人、美国人、英国人、德国人、法国人等忌讳数字"13"、"星期五"。

（二）颜色

（1）日本人认为绿色是不吉利的象征,所以忌用绿色。

（2）巴西人以棕黄色为凶丧之色。

（3）欧美国家的人以黑色为丧礼用的颜色,表示对死者的悼念和尊敬。

（4）埃塞俄比亚人以穿淡黄色的服装表示对死者的深切哀悼。

（5）叙利亚人将黄色视为死亡之色。

（6）巴基斯坦人忌黄色,是因为那是僧侣的专用服色。

（7）委内瑞拉人却用黄色作医务标志。

（8）蓝色在埃及人眼里是恶魔的象征。

（9）比利时人忌蓝色,如遇有不吉利的事,都穿蓝色衣服。

（10）土耳其人则认为花色是凶兆,布置房间时绝对禁用花色,最好用素色。

（三）花卉

（1）德国人认为郁金香是没有感情的花。

（2）日本人认为荷花是不吉祥之物,意味着祭奠。

（3）菊花在意大利和南美洲各国被认为是"妖花",只能用于墓地与灵前。

（4）黄色的花在法国被认为是不忠诚的表示。

（5）绛紫色的花在巴西一般用于葬礼。

（6）在国际交际场合忌将菊花、杜鹃花、石竹花献给客人。

（7）在欧美,我们被邀请到朋友家去做客,献花给主妇是件愉快的事,但在阿拉伯国家,则是违反了习俗。

（四）动物图案

日本人讨厌狐狸和金眼睛的猫。马来西亚人忌讳乌龟和狗。在泰国、印度尼西亚、菲律

图8-2　动物图案在有的国家是忌讳

宾,鹤被认为"色情"鸟,龟被视为"性"的象征,因此,忌讳这两种动物以及印有其形象的物品。澳大利亚人忌讳兔子,认为碰到兔子是厄运来临的预兆。美国人忌讳蝙蝠和蝙蝠图案。英国人忌讳黑猫、大象、孔雀及所制作的图案。俄罗斯人忌讳兔子,也不喜欢黑猫。

(五)其他

忌讳的食品:①伊斯兰国家和地区的居民不吃猪肉和无鳞鱼;②日本人不吃羊肉;③东欧一些国家的人不爱吃海味,忌吃动物的内脏;④叙利亚、埃及、伊拉克、黎巴嫩、约旦、也门、苏丹等国家的人,除忌食猪肉外,还不吃海味及各种动物内脏(肝脏除外);⑤在阿拉伯国家做客不能要酒喝。

忌讳的称谓:香港人忌讳称丈夫或妻子为"爱人",因为"爱人"在英语中是指"情人",俗称相好的,习惯上称"他是我的先生"或"她是我的太太"。对中老年人忌讳称"伯父"、"伯母",因为"伯父"、"伯母"与"百无"谐音,就是一无所有的意思。

三、日常称呼

(一)一般称呼

(1)在国际交往中,一般对男士称先生,对已婚女子称夫人,未婚女子称小姐,不了解婚姻状况的女子可以称女士或小姐。

(2)对地位高的官方人士,按各国情况可称阁下、职衔或先生。

(二)特别称呼

(1)君主制国家,按习惯称国王、皇后为"陛下",称王

图8-3　日常称呼要符合礼仪

子、公主、亲王等为"殿下",对有公、侯、伯、子、男爵爵位的人士既可称其爵位,也可称"阁下",一般情况下也称"先生"。

(2)对医生、教授、法官、律师以及有博士等学位的人士,可分别称"医生"、"教授"、"法官"、"律师"、"博士"等。同时可以加上姓氏,也可用"先生"称呼。

（3）对军人一般称军衔，或军衔加"先生"，知道姓名的可冠以姓和名。有的国家对将军、元帅等高级军官称"阁下"。

（4）对教会中的神职人员，一般可称教会职称，或姓名加职称，或职称加"先生"。有时，主教以上的神职人员也可称"阁下"。

四、常用见面礼节

（一）握手礼

两人相向，握手为礼，是当今世界最为流行的礼节。不仅熟人、朋友，连陌生人、对手，都可能握手。握手常常伴随寒暄、致意，如你（您）好、欢迎、多谢、保重、再见等。握手礼含义很多，视情况而定，分别表示相识、相见、告别、友好、祝贺、感谢、鼓励、支持、慰问等不同意义。

（二）亲吻礼

长辈与晚辈亲吻的话，长辈吻晚辈的额头，而晚辈吻长辈的下颌。同辈人或兄弟姐妹亲吻的话，只能够相互贴一贴面颊。公共场合，女士之间大都亲脸颊，男女之间大都贴面。

（三）拥抱礼

两人正面站立，各自举起右臂，将右手搭在对方的左肩后面，左臂下垂，左手扶住对方的右后腰。首先向左侧拥抱，然后向右侧拥抱，最后再向左侧拥抱。

（四）吻手礼

吻手礼即男士亲吻女士的手背或手指。正确做法是：男士行至女士面前，立正垂首致意。然后以右手或双手轻轻抬起女士的右手，并俯身弯腰使自己的嘴唇靠近女士的右手，接着用微闭的双唇，象征性地去轻轻触一下女士的手背或手指。吻手礼的接受者仅限于已婚的女性。

图 8-4　吻手礼

(五)合十礼

合十礼又称合掌礼,分为跪合十礼、蹲合十礼和站合十礼。行合十礼时,可以问候对方或口颂祝词。合十礼通行于东亚与南亚信奉佛教的国家或佛教信仰者之间。

1.跪合十礼

适用于佛教徒拜佛祖或僧侣的场合,行礼时右腿跪地,双手合掌于两眉中间,头部微俯,以表恭敬虔诚。

2.蹲合十礼

这是盛行佛教国家的人拜见父母或师长时所用的礼节,行礼时身体下蹲,将合十的掌尖举至两眉间,以示尊敬。

3.站合十礼

这是信奉佛教的国家平民之间、平级官员之间相见,或公务人员拜见长官时所用的礼节,行礼时端正站立,将合十的掌尖置于胸部或口部,以表敬意。

五、交谈原则

(一)态度诚恳

交谈的双方无论对方地位、身份如何,都要用诚挚、热情的语言,尽力缩短彼此之间的心理距离,为双方进一步交往打下良好的基础。

(二)讲究技巧

(1)谈话技巧:避免隐私问题,寻找共同话题。

(2)注意倾听:聚精会神,积极反应,不打断别人,不急下结论,求同存异,切忌粗鲁。

(3)善于提问:适时、引导、避免僵局;先思后言,注意条理。

(4)有幽默感:注意轻松融洽;说话要有节制;避免信口开河,高谈阔论。

图 8-5　交谈要讲究技巧

六、迎来送往

(一)隆重迎送

这种规格的迎送仪式,一般适用于来访的外国国家元首、政府首脑或重要的官方代表团。举行此类迎送仪式,必须讲求规范性和严肃性,还须遵从一般的国际惯例。活动的每一个步骤、每一个细节都应仔细安排,稍有疏忽,就会给国家声誉带来损害。

图 8-6　迎送礼仪

(二)一般迎送

一般迎送适用于一般人员或代表团,不论是政治性的还是商业性的,这种规格在平时使用较多。对应邀来访的客人,在他们抵达或离开时,均应安排相应身份的人员前往迎接或送别。

(三)私人迎送

如果来访者是朋友,是属私人性质的访问,则迎送要安排得方便、实际和礼貌。而且要视彼此关系,适当加以调整,但这并不意味着可以不讲礼节,随随便便。

七、礼宾次序

(一)按职务高低排列

按身份和职务的高低排列是礼宾次序排列的主要原则。一般的官方活动,经常是按身份与职务的高低安排礼宾次序。各国提供的正式名单或正式通知是确定职务的依据。由于国家体制不同,部门之间的职务高低不尽一致,故要根据各国的规定,按相应的级别和官衔进行安排。

(二)按字母顺序排列

多边活动中的礼宾次序有时按参加国国名第一个字母顺序排列,一般以英文字母排列居多,少数情况也有按其他语种字母排列的。这种方法多见于国际会议、国际体育比赛等。

(三)按日期先后排列

在一些国家举行的多边活动中，按通知代表团的日期先后排列，也是安排礼宾次序经常采用的方法之一。

采取何种排列方法，东道国在致各国的邀请书中，都应加以注明。

八、出入办公场所

图 8-7　按照字母排列的礼宾次序

(1)去外国朋友的办公室或住所应先预约，按约定的时间前往。若无人迎接，应先按门铃或敲门，征得主人同意后方可进入。拜访的时间一般以上午 10:00 或下午 4:00 左右为宜，尽量避免打扰他人。

(2)若因急事必须前往又来不及预约时，见面后应立即向主人致歉并说明打扰的原因。出现这种情况时，应尽量缩短谈话时间；若主人无意邀请你入内，可退至门外进行交谈。

(3)经主人允许进入室内，即使谈话所需时间很短，也应进入室内再谈；若洽谈所需的时间很短，则可以不必坐下，也不要逗留；即使洽谈所需时间很长，也应在主人邀请下就座。

(4)进入外国人的办公室和住所后，不要东张西望或提出参观的要求。若主人邀请你参观，可在主人的带领下参观，参观时不可触摸东西，即便熟悉的朋友也不可触动除了书籍、花草以外的个人物品和室内的陈设；对主人着重介绍的物品可适当表示赞赏。

(5)进入外国人的办公室或住所后，应主动对主人家的所有人表示问候，如有小孩在场，应主动与小朋友握手、拥抱表示欢喜；对主人家的宠物不应表示厌恶或反感。

(6)在西方人的办公室或住所如想吸烟，应先征得主人的同意，若有女士在场应先征得女士的同意；主人不吸烟又未请你吸烟，最好不要吸烟；在场人多或同座身份高的人都不吸烟，一般不宜吸烟，更不要边走边吸；进入会客室或餐厅前，吸烟者应把烟熄灭。

（7）离开时，应有礼貌地向主人告别，并对主人的款待表示感谢。

九、西餐

（一）正菜顺序

1. 开胃菜

开胃菜，亦称头菜。开胃菜是由蔬菜、水果、海鲜、肉食所组成的拼盘，大多数情况下以调味汁凉拌而成，色彩悦目，口味宜人。

2. 面包

在西餐正餐里所吃的面包，一般是切片面包。在吃面包时，通常讲究根据个人嗜好，涂上各种果酱、黄油或奶酪。

3. 汤

一般认为，汤是西餐的"开路先锋"。只有喝汤时，才算正式开始吃西餐了。常见的汤类有白汤、红汤、清汤等。

4. 主菜

西餐里的主菜有冷有热，但以热菜为主。正餐，一般是上一个冷菜、两个热菜。还讲究两个热菜之中，应当一个是鱼菜，另一个是肉菜。

5. 点心

吃过主菜后，一般要上诸如蛋糕、饼干、吐司、馅饼、三明治之类的小点心，使没有吃饱的人借以填满肚子。

6. 甜品

吃过点心，接着要上甜品。最常见的甜品有布丁、冰淇淋等。

7. 果品

用餐者须在力所能及的情况下，酌情享用干、鲜果品。常用的干果有核桃、榛子、腰果、杏仁、开心果等。草莓、菠萝、苹果、香蕉、橙子、葡萄等，则是最常见之于西餐桌上的鲜果。

图 8-8　吃西餐时享用水果要量力而行

8. 热饮

在用餐结束之前，应提供热饮，以此作为"压轴戏"。最正规的热饮是红茶或纯的黑咖啡,二者只能选择其一。热饮的作用,主要是帮助消化。

(二)席次安排

1.女士优先

吃西餐,女士处处受到尊敬。在排定用餐位次时,主位一般应请女主人就座,而男主人须退居第二位。

2.恭敬主宾

在西餐礼仪中,主宾极受尊重。即使用餐的来宾之中有人在地位、身份、年纪方面高于主宾,但主宾仍是主人关注的中心。在排定用餐座次时,应请男、女主宾分别在女主人和男主人旁就座,以便进一步受到照顾。

图 8-9　西餐重视"女士优先"

3.以右为尊

在排定用餐座次时,以右为尊。例如,应安排男主宾坐在女主人右侧,安排女主宾坐在男主人右侧。

4.距离定位

一般来说,西餐桌上位次的尊卑,往往与其距离主位的远近相关,距主位近的位子高于居主位远的位子。

5.面门为上

依照礼仪惯例,面对正门者为上座,背对正门者为下座。这就是所谓"面门为上"。

6.交叉排列

西餐在排定位次时,要遵守交叉排列的原则,男、女应当交叉排列,生人与熟人也应当交叉排列。

(三)座次安排

在西餐用餐时,人们所用的餐桌有长桌、方桌和圆桌。有时,还会拼成其他图案。不过,最常见、最正规的西餐桌当属长桌。下面介绍一下西餐排位常见的两种情况。

图 8-10　西餐以长条桌或者方桌为主

1.长桌

长桌排位，一般有两种主要办法。一是男、女主人在长桌中间对面而坐，餐桌两端可以坐人，也可以不坐人；二是男、女主人分别就座于长桌两端。某些时候，如用餐人数较多时，还可以参照以上办法，用长桌拼成其他图案，以便安排大家一道用餐。

2.方桌

方桌排定位次，就座于餐桌四面的人数应相等。在进行排位时，应使男、女主人与男、女主宾对面而坐，所有人均各自与自己的恋人或配偶坐成斜对角。

（四）刀叉

1.拿法

吃西餐时应右手拿刀，左手拿叉。拿叉时将食指伸直按住叉子的背面，刀子除了与叉子同样的拿法外，还可用拇指与食指紧紧夹住刀柄与刀刃的结合处。使用刀叉时肩膀与手腕要放松，手肘不要过高或过低，刀叉与餐盘呈约 15 度的角。

2.使用

使用刀叉时，左手用叉用力固定食物，同时移动右手的刀切割食物。

3.摆放

用餐中暂时离开时，要把刀叉呈"八"字形摆放，尽量将柄放入餐具内，刀刃要面向自己；用餐结束，则将叉子正面向上，刀刃向内，刀叉并拢平行放

图 8-11　西餐刀叉使用有讲究

置于盘上。

4. 禁忌

刀是用来切食物的。用餐时,不要直接用刀叉起食物送入口中,也不要同时用刀叉将食物送入口中;刀上沾上酱料不可舔食;用餐刀切割食物时不要在餐盘上划出声音;刀叉掉在地上应请服务员帮助捡起。

5. 暗示

与人攀谈时,应暂时放下刀叉。其做法是,将刀口向内、叉齿向下,呈"八"字形状摆放在餐盘之上。它的含义是:此菜尚未用毕。但要注意,不可将其交叉放成"十"字形。西方人认为,这是令人晦气的图案。

如果吃完了,或不想再吃了,则可以刀口向内、叉齿向上,刀右叉左地并排纵放,或者刀上叉下地并排横放在餐盘里。这种做法等于告知侍者,可将刀叉与餐盘一块收掉。

(五)餐巾

1. 保洁

将餐巾平铺于大腿之上,其主要目的,是为了防止进餐时掉落下来的菜肴、汁汤滴到自己的衣服上。

2. 揩拭口部

在用餐期间与人交谈之前,应先用餐巾轻轻地揩一下嘴;女士进餐前,亦可用餐巾轻拭口部,以除去唇膏。以餐巾揩拭口部时,其部位应大体固定,最好只用其内侧。通常,不应以餐巾擦汗、擦脸,更不要用餐巾去擦餐具。

3. 掩口遮羞

在进餐时,尽量不要当众剔牙,也不要随口乱吐东西。万一非做不可时,应以左手拿起餐巾挡住口部,然后以右手去剔牙,或是以右手持餐叉接住"出口"之物,再将其移到餐盘前端。

4. 暗示

(1)暗示用餐开始。西餐大都以女主人为"带路人",女主人铺开餐巾,就等于宣布用餐可以开始了。

图 8-12　西餐口布的作用

（2）暗示用餐结束。当主人，尤其女主人把餐巾放到餐桌上时，意在宣布用餐结束，请各位告退。其他用餐者就餐完毕，也可以此法示意。

（3）暗示暂时离开。若中途暂时离开，可将餐巾放置于本人座椅的椅面上。见到这种暗示，侍者就不会马上动手"撤席"，而会维持现状不变。

（六）餐匙

（1）餐匙除可以饮汤、吃甜品之外，绝对不可直接舀取其他主食、菜肴。

（2）已经使用的餐匙，切不可再放回原处，也不可将其插入菜肴、主食，或是令其"直立"于甜品、汤盘或红茶杯之中。

（3）使用餐匙时，要尽量保持其周身的干净清洁，不要动不动就把它搞得"色彩缤纷"、"浑身挂彩"。

图 8-13　西餐汤匙用法

（4）用餐匙取食时，动作应干净利索，切勿在甜品、汤或红茶之中搅来搅去。

（5）用餐匙取食时，务必不要过量，而且一旦入口，就要一次将其吃完。不要一餐匙的东西，反复品尝好几次。餐匙入口时，应以其前端入口，而不是将它全部塞进嘴去。

（6）不能直接用茶匙去舀取红茶饮用。

（七）喝汤

喝汤时不要啜，不要舔嘴或者咂嘴发出声音。即使汤再热，也不要用嘴吹。要用汤匙从里向外舀，汤盘里的汤快喝完时，可以用左手将汤盘的外侧稍稍翘起，用汤匙舀净。

图 8-14　西餐喝汤不出声

(八)咖啡

1.端杯

右手拇指和食指捏住杯把,把杯子轻轻端起。

2.加糖

饮用咖啡一般加方糖。先用糖夹子把方糖夹到咖啡托碟的近身一侧,再用咖啡匙把糖加入杯中。

3.搅拌

喝咖啡之前应仔细搅拌,待搅匀后饮用。用咖啡匙将咖啡搅拌均匀之后,应把咖啡匙放在托碟外侧或者左侧。

图8-15 咖啡喝法

4.品咖啡

咖啡一般用带托碟的杯子端上来,可以往杯中倒入牛奶或加入方糖,然后拿起咖啡匙搅匀,再把匙子放在托碟上,拿起杯子来喝。品饮咖啡不能用匙子舀,匙子是用来搅拌咖啡或者加糖的。喝咖啡只需将杯子端起即可,不要将下面的托碟一并端起。

图8-16 自助餐讲究"少取多次"

(九)自助餐

(1)自助餐,英文为Buffet或Buffet Dinner。

(2)形式:设大菜台,不排桌次,自由入座,便于交谈。

(3)注意事项:

①取餐根据餐厅设定的方向顺向排队,不可逆向行进,更不可插队。

②按冷菜、汤、热菜、点心、水果顺序分别取菜,按顺序用餐,不要什么菜都放在一起,形成大杂烩。

③根据个人食量取餐,遵

循"少取多次"原则，一次不宜取太多。

④每取一道餐应换用新的盘子，不宜拿用过的盘子去取第二道、第三道餐。

⑤不可将菜肴外带，不可取而不食。

(十)注意事项

1. 西餐的"十要"

(1)要衣着考究。

(2)要正襟危坐。

(3)要举止高雅。

(4)要慎用餐具。

(5)要吃相干净。

(6)要礼待主人。

(7)要照顾宾客。

(8)要尊重侍者。

(9)要积极交流。

(10)要自我控制。

图 8-17　西餐赴宴讲究着装

2. 西餐的"十不要"

(1)不要违食俗。

(2)不要坏吃相。

(3)不要胡布菜。

(4)不要乱挑菜。

(5)不要争抢菜。

(6)不要玩餐具。

(7)不要吸香烟。

(8)不要清嗓子。

(9)不要作修饰。

(10)不要瞎走动。

图 8-18　西餐讲究食相

常用英语 100 句

一、Greetings 问候

（1）Good morning/afternoon/evening! 早上/下午/晚上好!

（2）Hi/Hello! 你好!

（3）How do you do? 您好!

（4）How are you? 你好吗?

（5）Fine, thank you. 很好，谢谢。

图 9-1　见面问候

二、Introducing 介绍

（6）This is Mr. Jones. 这位是琼斯先生。

（7）Mr. Jones, I'd like you to meet my friend Zhang Wei. 琼斯先生，我想向您介绍一下我的朋友张伟。

图 9-2　见面介绍

（8）May I know/have your name? 请问您叫什么名字?

（9）My name is Zhang Wei /I'm Zhang Wei. 我叫张伟。

（10）I'm from America/I come from America. 我来自美国。

三、Hosting 招待客人

（11）I'd like to invite you to a dinner party at Silver Sea Hotel. 我想请您在银海酒店吃饭。

（12）It's a pleasure to have you here. 很高兴您能光临。

（13）Make yourself at home/Help yourself，please. 不要客气/请随便用。

（14）To your health！祝您身体健康！

（15）I wish to propose a toast to our friendship and cooperation. Cheers！我提议为我们的友谊与合作，干杯！

图 9-3　欢迎客人

图 9-4　再见

四、Departing 道别

（16）Goodbye/Bye！再见！

（17）See you tomorrow/again/later. 明天见/再见/待会儿见。

（18）I have to go now. 我必须走了。

（19）Can we get together later? 我们以后还会再见吗？

（20）Keep in touch. 保持联系。

五、Time and Date 时间和日期

(21)Can you tell me the time? 现在几点啦?

(22)It's ten o'clock/ten fifteen. 现在 10 点/10 点 15 分。

(23)What's the date to-day? 今天几号?

(24)What day is it to-day? 今天星期几?

(25)It's May 15/Tues-day. 今天是 5 月 15 日/星期二。

图 9-5　询问日期

六、Weather and Temperature 天气和气温

(26)How is the weather today? 今天天气怎么样啊?

图 9-6　询问天气

(27)Lovely day, isn't it? 天气真好,不是吗?

(28)What's the tem-perature today? 今天气温是多少度?

(29)It's fine/cloudy/raining/snowing/windy. 天晴/多云/下雨/下雪/有风。

(30)I hope it'll clear up this afternoon. 我希望今天下午天会放晴。

七、Family and Occupation 家庭与职业

图 9-7　询问家庭人口

（31）Tell me something about your family，Mr. Zhang. 张先生，请和我谈谈你的家庭吧。

（32）How many people are there in your family? 你家有几口人?

（33）What is his job? / What is he? 他是做什么工作的?

（34）I'm a sales manager. 我是一名销售经理。

（35）I work in a big company. 我在一家大公司工作。

八、Making Plans 安排

（36）Do you have any plans for this weekend? 你这个周末有什么安排吗?

（37）How long do you plan to stay in Qingdao? 你打算在青岛待多久?

（38）I plan to go to a concert. 我要去听一场音乐会。

（39）I have no idea. /I'm otherwise engaged. 我不知道。/我另有安排。

（40）I'll go to Beijing next Monday. 下周一我要去北京。

图 9-8　询问逗留时间

九、Asking for Directions 问路

Excuse me, can you tell me the way to the bus station?

图 9-9　问路

（41）Excuse me，can you tell/show me the way to the bus station? 对不起,请问到汽车站怎么走?

（42）You can get there by bus/by taxi/on foot. 你可以坐公共汽车/坐出租车/步行去那里。

（43）Go straight ahead to the traffic lights，and then turn left. 向前一直走到交通灯,然后向左转。

（44）Please come with me，I'm going in that direction. 请跟我来,我也往那边走。

（45）You can't miss it. 你不会走错的。

十、Shopping 购物

（46）Can/May I help you? 您要点什么?

（47）You need to go to the shoe department on the second floor. 您得上二楼的鞋靴部。

（48）May I have a look at the watch? 我可以看一下这块手表吗?

（49）How much is this? 这个卖多少钱?

（50）I'll take it. 我要了/我买下了。

How much is this?

图 9-10　询问价格

十一、See the Doctor 看医生

（51）Shall I take you to see a doctor? 要我带你去看医生吗？

（52）What's wrong with you, madam? 夫人，哪儿不舒服？

（53）I'm not feeling well. 我感觉不好。

（54）First I need to take your temperature. 我得先给您量下体温。

（55）How often do I take the medicine, Doctor? 大夫，隔多长时间服一次药？

图 9-11　向医生陈述自己身体健康状况

十二、Taking a Bus 乘车

（56）Where are you going? 您要去哪儿？

（57）Please take Bus No. 6 and get off at the fifth stop. 请乘 6 路公交车，在第五站下。

（58）What's the next stop? 下一站是哪儿？

（59）I've got to be at the municipal government of Qingdao by 10：30. Can you make it? 我要在 10：30 之前赶到青岛市政府，你能赶到吗？

（60）How much is the fare? 车费多少？

图 9-12　询问公交车站名

十三、Asking for Help and Answering 请求帮助和解答

（61）Can I help you（with something）？/What can I do for you？我能帮你做些什么吗？

（62）Excuse me，could you do me a favor？劳驾，你能帮我一个忙吗？

（63）I will do what I can. 我尽力而为。

（64）It's my pleasure. 乐意为您效劳。

（65）If there's anything I can help you with，please let me know. 如果有什么我能帮上忙的，请告诉我。

图 9-13　有困难寻求别人帮助

十四、Expressing Approval and Disapproval 表示赞成与反对

（66）Yes，that's right. 是，没错。

（67）I agree with you. 我同意你的意见。

图 9-14　同意某计划

（68）That's exactly what I think. 我就是这么认为的。

（69）I'm afraid I can't agree with you there. 恐怕在这点上我不能同意你的意见。

（70）Well，I'm not sure about that，perhaps...呃，那个我不太肯定。也许……

十五、Suggesting 建议

(71) You should go to see a doctor. 你该去看医生。

(72) You'd better call him tomorrow. 你最好明天给他打个电话。

(73) Maybe you can ask her for help. 也许你可以请她帮忙。

(74) Why not go by train? 你为什么不坐火车去呢?

(75) If I were you，I should go back at once. 我是你的话,我就马上回去。

Maybe you can ask her for help.

图 9-15 给他人提出建议

Please hold on.

图 9-16 打电话"请稍等"

十六、Calling 打电话

(76) Hello，this is Su Ning speaking. 喂,我是苏宁。

(77) I'd like to speak to Mr. Johnson, please. 可以跟约翰逊先生通话吗?

(78) Please hold on. 请稍候。

(79) I've been expecting your call. 我一直在等您的电话。

(80) He isn't in. Would you like to leave a message? 他不在。您要不要留下口信?

十七、Likes and Dislikes 喜好

(81) How do you like/ What do you think of Chinese food? 你觉得中国饭菜怎么样?

(82) Which do you prefer, tea or coffee? 你喜欢喝点什么, 茶还是咖啡?

(83) What do you think of the film? 你觉得这部电影怎么样?

(84) I like vegetables better than meat. 与肉相比,我更喜欢吃蔬菜。

(85) I don't like rainy days. 我不喜欢下雨天。

图 9-17　询问喜好(茶还是咖啡)

十八、Congratulating and Complimenting 祝贺与称赞

图 9-18　祝贺生日

(86) Congratulations! 祝贺你!

(87) Happy birthday! 生日愉快!

(88) It's a wonderful party! 晚会好极了!

(89) It's a great job! 干得好极了!

(90) It's very nice of you to say so. 你这么说真好。

十九、Expressing Feelings 表达情感

（91）Wonderful! 好极了!

（92）How could he do that! 他怎么能这么做!

（93）What a shame/pity! 真羞愧/遗憾!

（94）My goodness! 我的天哪!

（95）That's incredible! 真难以置信!

二十、Thanks and Apologies 感激与道歉

（96）Thank you for the help! 谢谢您的帮助!

（97）You are welcome! /My pleasure! 别客气!

图 9-19　拿到成绩欣喜若狂

（98）It's very kind of you to do that for me. 你真太好了,为我做了这个。

（99）I'm sorry about that. 我对此很抱歉。

（100）That's okay. 没事儿。

图 9-20　为某事致歉

附录

附录一　《青岛市市民文明公约》(2010版)

文明在心里：

公德始于心，文明我先行，

告别陋习俗，人人树新风。

文明在口中：

微笑问声好，温馨传真情，

言谈有礼貌，优雅赢尊重。

文明在手上：

垃圾不落地，爱护我环境，

大手拉小手，共建文明城。

文明在脚下：

行路有规矩，三让记心中，

排队不拥挤，礼让路畅通。

文明在行动：

争做志愿者，细微见文明，

创建齐努力，和谐遍岛城。

附录二　《青岛市市民"八要八不要"行为规范》(2010版)

要微笑友善，不要冷漠生硬；

要谦和礼让，不要拥挤争抢；

要语言优雅，不要粗俗喧哗；

要走斑马线，不要乱穿马路；

要遵法行车，不要争道抢行；

要讲究卫生，不要随地吐痰；

要爱护环境，不要乱扔杂物；

要文明养犬，不要纵狗便溺。

附录三 《青岛市文明行为促进条例》节选

2016年11月2日青岛市第十五届人民代表大会常务委员会第三十八次会议通过《青岛市文明行为促进条例》(以下简称《条例》)。青岛市是继深圳市、武汉市、杭州市之后,全国第四个就市民文明行为立法的城市,《条例》2017年1月1日起施行。下面是节选的部分内容。

第七条 公民在公共场所应当自觉遵守公共秩序,爱护公共设施,维护公共环境卫生,并遵守以下规定:(一)衣着整洁,使用礼貌用语,不大声喧哗,不争吵谩骂;(二)等候服务时依次排队,使用电梯时先下后上,乘坐自动扶梯时靠右侧站立,上下楼梯时靠右侧行走;(三)进行露天表演以及其他文体娱乐活动时,合理使用场地、设施和音响器材,不影响他人的生活、学习和工作;(四)减少吸烟行为,不在室内公共场所、室内工作场所和其他禁止吸烟的场所吸烟;(五)不随地便溺、吐痰,不乱扔杂物,不随意焚烧抛撒丧葬祭奠物品,不乱涂乱画乱贴,不损坏公共设施、花草树木;(六)携犬出户采取必要的安全和卫生措施,不危及他人人身安全,不影响公共秩序和市容环境卫生;(七)不在禁止区域摆摊设点、露天烧烤;(八)法律、法规和文明公约确定的其他文明行为规范。

第八条 乘坐公共交通工具,应当遵守乘坐规则,先下后上,主动为老幼病残孕和携带婴幼儿的乘客让座,自觉维护乘坐秩序。驾驶车辆应当安全驾驶、文明驾驶,按照道路通行规定使用灯光、喇叭;遇有前方交叉路口交通阻塞时,应当依次停在路口以外等候,不得进入路口;行经人行横道应当减速,遇行人通过人行横道,应当停车让行。在规定地点停放车辆。不向车外抛撒物品。行人应当在人行道内行走,没有人行道的靠路边行走;通过路口或者横过道路应当走人行横道或者过街设施,按照交通信号指示通行。

第九条 节约水、电、燃油、燃气等资源。鼓励使用节能、节水、废弃物再生利用等有利于环境与资源保护的产品。合理消费,倡导文明用餐、适量点餐。餐饮服务单位应当采取多种方式进行提示。

第十条 保护生态环境,保护珍稀、濒危的野生动植物,自觉参加植树造林、护林防火、养绿护绿等活动。践行低碳、绿色生活方式,主动减少日常生活废弃物对环境造成的损害,按照规定对生活垃圾进行分类投放。

第十一条 文明上网,不通过发帖、评论等方式攻击、谩骂他人,不利用网络发布、传播虚假信息、低俗淫秽信息和损害他人合法权利的信息,自觉维护网络安全和网络秩序。

第十二条 文明就医,尊重医务人员,维护正常医疗秩序,通过合法途径、方式和程序处理医疗纠纷。

第十三条 旅游观光时尊重当地风俗习惯、文化传统和宗教信仰,爱护文物古迹,遵守旅游文明行为规范。旅行社、导游、领队应当向旅游者告知和解释旅游文明行为规范,引导旅游者健康、文明旅游。

第十六条 邻里之间团结互助,不干扰他人正常生活。爱护和合理使用公共空间、设施设备,积极参与楼院、社区的绿化、美化活动。家庭成员之间互相扶持,敬老爱幼。父母或者未成年人的其他监护人应当教育、引导未成年人遵守文明行为规范。关爱空巢老人、留守儿童和外来务工人员未成年子女。

第三十五条 有下列行为之一的,由相关执法部门依照有关法律、法规的规定予以处罚;拒不履行处罚决定的,除依法实施强制执行外,作出处罚决定的执法部门应当将处罚决定录入公共信用信息平台:(一)阻碍执行紧急任务的警车、消防车、救护车、工程救险车通行或者非紧急情况时在应急车道行驶、停车的;(二)行经人行横道不按照规定减速或者停车让行的;(三)行人不听从交警、辅警及公共文明引导员的劝阻,违反道路交通安全法律法规关于道路通行规定的;(四)扰乱公共汽车、电车、火车、船舶、航空器或者其他公共交通工具上的秩序的;(五)乱贴乱涂小广告,严重影响市容环境和居民生活环境的;(六)损毁公共绿地,或者占用公共绿地耕种、停车等的;(七)车辆或者其他物品占用、堵塞、封闭疏散通道、安全出口、消防通道的;(八)利用互联网发布、传播虚假信息、低俗淫秽信息或者损害他人合法权利信息等,严重扰乱社会秩序的;(九)打击报复劝阻人、举报投诉人、检举控告人的;(十)其他严重违反文明行为规范,造成不良后果以及恶劣社会影响,依法应当处罚的。

附录四　传统礼仪名言

(1)不学礼,无以立。——《论语》

(2)君子博学于文,约之以礼,亦可以弗畔矣夫。——《论语·雍也》

(3)非礼勿视,非礼勿听,非礼勿言,非礼勿动。——《论语·颜渊》

(4)人有礼则安,无礼则危。——《礼记·曲礼》

(5)敬人者,人恒敬之;爱人者,人恒爱之。——《孟子·离娄章句下》

(6)人无礼不立,事无礼不成,国无礼不宁。——《荀子·大略第二十七》

(7)礼者,人道之极也。——《荀子·礼论》

(8)善气迎人,亲如弟兄;恶气迎人,害于戈兵。——《管子·心术下》

(9)礼义廉耻,国之四维,四维不张,国乃灭亡。——《管子·牧民》

(10)道之以德,齐之以礼。——《论语·为政》

(11)安上治民,莫善于礼。——《孝经·广要道章》

(12)礼,经国家,定社稷,序民人,利后嗣。——《左传》

(13)夫礼,天之经也,地之义也,民之行也。——《左传》

(14)礼以行义,义以生利,利以平民,政之大节也。——《左传》

(15)将不可骄,骄则失礼,失礼则人离,人离则众叛。——诸葛亮《将苑》

(16)衣食以厚民生,礼义以养其心。——(元)·许衡

(17)礼义生于富足,盗窃起于贫穷。——(汉)·王符

(18)国尚礼则国昌,家尚礼则家大,身有礼则身修,心有礼则心泰。——(清)·颜元

附录五　传统礼仪的敬辞

(1)阁下:本义指楼阁之下,借指在楼阁之下待命的下属人员。为了表达对上者的敬意,古人在称呼对方时,不直呼其人,而轻呼其侍从者转告之,"因卑以达尊"。这样,"阁下"就逐渐泛化成了一般的敬称。

(2)夫人:"夫人"一词在古代有特定的含义,《礼记·曲礼下》:"天子之妃曰后,诸侯曰夫人。"诸侯的妻子称作"夫人",明清时一、二品官员的妻子封为"夫人",后来用"夫人"来尊称一般人的妻子,有抬高对方身份之意。

(3)尊:本义是"酒器",即后来的"樽"字。段玉裁《说文解字注》:"凡酒者必实于尊,以待酌者……凡酌酒者必资于尊,故引申以为'尊卑'字。"古人饮酒,十分讲究礼仪,敬酒往往是必不可少的环节。必定要举"尊"。敬酒这一动作和酒器"尊"之间的关联性经过长期的积淀,形成了固定的联想,于是"尊"字也就引申出了"尊敬"义,进一步抽象化,获得了敬辞的语用功能。

(4)"令":用于称呼对方的亲属。例如,令尊:称对方的父亲;令堂:称对方的母亲;令郎:称对方的儿子;令爱、令媛:尊称对方的女儿;令兄、令弟、令侄等。

(5)"惠":,用于对方对待自己的行为动作。例如,惠存(多用于送人相片、书籍等纪念品时所题的上款):请保存;惠临:指对方到自己这里来;惠顾(多用于商店对顾客):来临;惠允:指对方允许自己(做某事);惠赠:指请求对方赠送

(财物等)。

(6)"垂":用于别人(多是长辈或上级)对自己的行动。例如,垂爱(多用于书信):称对方对自己的爱护;垂青:称别人对自己的重视;垂问、垂询:称别人对自己的询问;垂念:称别人对自己的思念。

(7)"拜"字:用于自己的行为动作涉及对方。例如,拜读:指阅读对方的文章;拜访:指访问对方;拜服:指佩服对方;拜贺:指祝贺对方;拜托:指委托对方办事情;拜望:指探望对方。

(8)"奉"字:用于自己的动作涉及对方时。例如,奉告:告诉;奉还:归还;奉陪:陪伴;奉劝:劝告;奉送、奉赠:赠送。

(9)"恭"字:表示恭敬地对待对方。例如,恭贺、恭候、恭请、恭迎、恭喜等。最常见的如"恭喜发财"、"恭贺新禧"。

(10)"贵"字:称与对方有关的事物。例如,贵干:问人要做什么;贵庚:问长辈的年龄;贵姓:问对方的姓;贵恙:称对方的病;贵子:称对方的儿子(含祝福之意);贵国:称对方的国家;贵校:称对方的学校。

(11)常用敬辞:

初次见面说"久仰",好久不见说"久违",请人批评说"指教",求人原谅说"包涵",求人帮忙说"劳驾",麻烦别人说"打扰",求给方便说"借光",托人办事说"拜托",看望别人说"拜访",请人勿送说"留步",未及远迎说"失迎",等候客人说"恭候",无暇陪客说"失陪",陪伴朋友说"奉陪",问人干嘛说"贵干",问人姓氏说"贵姓",欢迎购买说"惠顾",贵宾来到说"莅临",请人告诉说"见告",欢迎询问说"垂询",谢人爱护说"错爱",称人爱护说"垂爱",称人赠予说"惠赠",请人保存题"惠存",请人收礼说"笑纳",归还原物说"璧还",称人之家说"贵府",称己之家说"寒舍",赞人见解说"高见",称己见解说"拙见",称人父亲说"令尊",称己父亲说"家父",称人母亲说"令堂",称己母亲说"家母",称人儿子说"令郎",称己儿子说"犬子",称人女儿说"令爱",称己女儿说"小女",向人祝贺说"恭喜",求人看稿说"斧正",求人解答用"请问",请人指点用"赐教",看望别人用"拜访",宾客来到用"光临",请人勿送用"留步",归还原物叫"奉还",对方来信叫"惠书",老人年龄叫"高寿",请人原谅说"包涵",祝人健康说"保重",求人帮忙说"劳驾",无暇陪同说"失陪"。

附录六 传统礼仪的谦辞

(1)"鄙"字:用于谦称自己或跟自己有关的事物。例如,鄙人:谦称自己;鄙意:谦称自己的意见;鄙见:谦称自己的见解;鄙薄:谦称自己的浅陋微薄。

(2)"愚"字:谦称自己不聪明。例如,愚兄:向比自己年轻的人称自己;愚弟:向比自己年长的人称自己;愚见:称自己的见解。也可单独用"愚"谦称自己。

(3)"敝"字:用于谦称自己或跟自己有关的事物。例如,敝人:谦称自己;敝姓:谦称自己的姓;敝处:谦称自己的房屋、处所;敝校:谦称自己所在的学校。

(4)"拙"字:用于对别人称自己的东西。例如,拙笔:谦称自己的文字或书画;拙著、拙作:谦称自己的文章;拙见:谦称自己的见解。

(5)"家"字:用于对别人称自己的辈分高或年纪大的亲戚。例如,家父、家尊、家严、家君:称父亲;家母、家慈:称母亲;家兄:称兄长;家姐:称姐姐;家叔:称叔叔。

(6)"舍"字:用于对别人称自己的家或自己的辈分低或年纪小的亲戚。例如,舍间、舍下:称自己的家;舍弟:称弟弟;舍妹:称妹妹;舍侄:称侄子;舍亲:称亲戚。

(7)"老"字:用于谦称自己或与自己有关的事物。例如,老粗:谦称自己没有文化;老朽:老年人谦称自己;老脸:老年人指自己的面子;老身:老年妇女谦称自己。"老"字一族也有较多的敬辞。

(8)"小"字:谦称自己或与自己有关的人或事物。例如,小弟:男性在朋友或熟人中谦称自己;小儿:谦称自己的儿子;小女:谦称自己的女儿;小人:地位低的人自称;小生(多见于早期白话):青年读书人自称;小可(多见于早期白话):谦称自己;小店:谦称自己的商店。另外,"后"、"晚"与"小"类似,如后进、后学、晚生、晚辈:对长辈称呼自己。

(9)"薄"字:谦称与自己有关的人或事物。例如,薄技:微小的技能,常用来谦称自己的技艺;薄酒:味淡的酒,常用作待客时的谦辞;薄礼:不丰厚的礼物,多用于谦称自己送的礼物;薄面:为人求情时谦称自己的情面。另外,"绵"与"薄"类似,例如,绵薄:谦辞,指自己薄弱的能力;绵力:微薄的力量。

(10)"不"字:谦称自己或与自己有关的人或事物。例如,不才:没有才能,常用做"我"的谦称;不佞:没有才能;不敢当:表示承当不起(对方的招待、夸奖等);不敏:没有才能;不足挂齿:不值得说出来的意思,谦称自己所做的事不值得别人称颂时可用此语;不情之请:谦称自己对人提出的要求不合乎情理。另外,"过"与"不"类似,如过奖、过誉:过分的表扬或夸奖。

(11)"敢"字:表示冒昧地请求别人。例如,敢问:用于问对方问题;敢请:用于请求对方做某事;敢烦:用于麻烦对方做某事。另外,"冒"与"敢"类似,如冒昧:(言行)不顾地位、能力、场合是否适宜(多用作谦辞)。

(12)"承"字:表示对别人的感激。例如,承乏:表示所在职位因没有适当的人选,只好暂由自己充任;承让:谦称自己的先行或优势。

(13)"一"字:多为成语,自己或与自己有关的人或事物。例如,一知半解:知识浅薄,只知道一些皮毛的意思,可作自谦学识不广博;一枝之栖:只求得到一个藏身地方的意思,自谦不存奢望的求职用语;一得之愚:对某项事情,有一些见解的意思,多用在提出意见方面,是开首或结尾时的自谦语。

附录七 弟子规

总叙
弟子规 圣人训 首孝弟 次谨信 泛爱众 而亲仁 有余力 则学文

入则孝
父母呼 应勿缓 父母命 行勿懒 父母教 须敬听 父母责 须顺承
冬则温 夏则清 晨则省 昏则定 出必告 反必面 居有常 业无变
事虽小 勿擅为 苟擅为 子道亏 物虽小 勿私藏 苟私藏 亲心伤
亲所好 力为具 亲所恶 谨为去 身有伤 贻亲忧 德有伤 贻亲羞
亲爱我 孝何难 亲憎我 孝方贤 亲有过 谏使更 怡吾色 柔吾声
谏不入 悦复谏 号泣随 挞无怨 亲有疾 药先尝 昼夜侍 不离床
丧三年 常悲咽 居处变 酒肉绝 丧尽礼 祭尽诚 事死者 如事生

出则弟
兄道友 弟道恭 兄弟睦 孝在中 财物轻 怨何生 言语忍 忿自泯
或饮食 或坐走 长者先 幼者后 长呼人 即代叫 人不在 己即到
称尊长 勿呼名 对尊长 勿见能 路遇长 疾趋揖 长无言 退恭立
骑下马 乘下车 过犹待 百步余 长者立 幼勿坐 长者坐 命乃坐
尊长前 声要低 低不闻 却非宜 近必趋 退必迟 问起对 视勿移
事诸父 如事父 事诸兄 如事兄

谨
朝起早 夜眠迟 老易至 惜此时 晨必盥 兼漱口 便溺回 辄净手
冠必正 纽必结 袜与履 俱紧切 置冠服 有定位 勿乱顿 致污秽
衣贵洁 不贵华 上循分 下称家 对饮食 勿拣择 食适可 勿过则
年方少 勿饮酒 饮酒醉 最为丑 步从容 立端正 揖深圆 拜恭敬
勿践阈 勿跛倚 勿箕踞 勿摇髀 缓揭帘 勿有声 宽转弯 勿触棱

执虚器 如执盈 入虚室 如有人 事勿忙 忙多错 勿畏难 勿轻略
斗闹场 绝勿近 邪僻事 绝勿问 将入门 问孰存 将上堂 声必扬
人问谁 对以名 吾与我 不分明 用人物 须明求 倘不问 即为偷
借人物 及时还 后有急 借不难

信

凡出言 信为先 诈与妄 奚可焉 话说多 不如少 惟其是 勿佞巧
奸巧语 秽污词 市井气 切戒之 见未真 勿轻言 知未的 勿轻传
事非宜 勿轻诺 苟轻诺 进退错 凡道字 重且舒 勿急疾 勿模糊
彼说长 此说短 不关己 莫闲管 见人善 即思齐 纵去远 以渐跻
见人恶 即内省 有则改 无加警 唯德学 唯才艺 不如人 当自砺
若衣服 若饮食 不如人 勿生戚 闻过怒 闻誉乐 损友来 益友却
闻誉恐 闻过欣 直谅士 渐相亲 无心非 名为错 有心非 名为恶
过能改 归于无 倘掩饰 增一辜

泛爱众

凡是人 皆须爱 天同覆 地同载 行高者 名自高 人所重 非貌高
才大者 望自大 人所服 非言大 己有能 勿自私 人所能 勿轻訾
勿谄富 勿骄贫 勿厌故 勿喜新 人不闲 勿事搅 人不安 勿话扰
人有短 切莫揭 人有私 切莫说 道人善 即是善 人知之 愈思勉
扬人恶 即是恶 疾之甚 祸且作 善相劝 德皆建 过不规 道两亏
凡取与 贵分晓 与宜多 取宜少 将加人 先问己 己不欲 即速已
恩欲报 怨欲忘 报怨短 报恩长 待婢仆 身贵端 虽贵端 慈而宽
势服人 心不然 理服人 方无言

亲仁

同是人 类不齐 流俗众 仁者希 果仁者 人多畏 言不讳 色不媚
能亲仁 无限好 德日进 过日少 不亲仁 无限害 小人进 百事坏

余力学文

不力行 但学文 长浮华 成何人 但力行 不学文 任己见 昧理真
读书法 有三到 心眼口 信皆要 方读此 勿慕彼 此未终 彼勿起
宽为限 紧用功 工夫到 滞塞通 心有疑 随札记 就人问 求确义
房室清 墙壁净 几案洁 笔砚正 墨磨偏 心不端 字不敬 心先病
列典籍 有定处 读看毕 还原处 虽有急 卷束齐 有缺坏 就补之
非圣书 屏勿视 敝聪明 坏心志 勿自暴 勿自弃 圣与贤 可驯致

附录八　三字经

人之初，性本善。性相近，习相远。苟不教，性乃迁。教之道，贵以专。

昔孟母，择邻处。子不学，断机杼。窦燕山，有义方。教五子，名俱扬。

养不教，父之过。教不严，师之惰。子不学，非所宜。幼不学，老何为？

玉不琢，不成器。人不学，不知义。为人子，方少时。亲师友，习礼仪。

香九龄，能温席。孝于亲，所当执。融四岁，能让梨。弟于长，宜先知。

首孝悌，次见闻。知某数，识某文。一而十，十而百。百而千，千而万。

三才者，天地人。三光者，日月星。三纲者，君臣义。父子亲，夫妇顺。

曰春夏，曰秋冬。此四时，运不穷。曰南北，曰西东。此四方，应乎中。

曰水火，木金土。此五行，本乎数。十干者，甲至癸。十二支，子至亥。

曰黄道，日所躔。曰赤道，当中权。赤道下，温暖极。我中华，在东北。

曰江河，曰淮济。此四渎，水之纪。曰岱华，嵩恒衡。此五岳，山之名。

曰士农，曰工商。此四民，国之良。曰仁义，礼智信。此五常，不容紊。

地所生，有草木。此植物，遍水陆。有虫鱼，有鸟兽。此动物，能飞走。

稻粱菽，麦黍稷。此六谷，人所食。马牛羊，鸡犬豕。此六畜，人所饲。

曰喜怒，曰哀惧。爱恶欲，七情具。青赤黄，及白黑。此五色，目所识。

酸苦甘，及辛咸。此五味，口所含。膻焦香，及腥朽。此五臭，鼻所嗅。

匏土革，木石金。丝与竹，乃八音。曰平上，曰去入。此四声，宜调协。

高曾祖，父而身。身而子，子而孙。自子孙，至玄曾。乃九族，人之伦。

父子恩，夫妇从。兄则友，弟则恭。长幼序，友与朋。君则敬，臣则忠。

此十义，人所同。当顺叙，勿违背。斩齐衰，大小幼。至缌麻，五服终。

礼乐射，御书数。古六艺，今不具。唯书学，人共遵。既识字，讲说文。

有古文，大小篆。隶草继，不可乱。若广学，惧其繁。但略说，能知源。

凡训蒙，须讲究。详训诂，明句读。为学者，必有初。小学终，至四书。

论语者，二十篇。群弟子，记善言。孟子者，七篇止。讲道德，说仁义。

作中庸，子思笔。中不偏，庸不易。作大学，乃曾子。自修齐，至平治。

孝经通，四书熟。如六经，始可读。诗书易，礼春秋。号六经，当讲究。

有连山，有归藏。有周易，三易详。有典谟，有训诰。有誓命，书之奥。

我周公，作周礼。著六官，存治体。大小戴，注礼记。述圣言，礼乐备。

曰国风，曰雅颂。号四诗，当讽咏。诗既亡，春秋作。寓褒贬，别善恶。

三传者，有公羊。有左氏，有谷梁。经既明，方读子。撮其要，记其事。
五子者，有荀扬。文中子，及老庄。经子通，读诸史。考世系，知终始。
自羲农，至黄帝。号三皇，居上世。唐有虞，号二帝。相揖逊，称盛世。
夏有禹，商有汤。周文武，称三王。夏传子，家天下。四百载，迁夏社。
汤伐夏，国号商。六百载，至纣亡。周武王，始诛纣。八百载，最长久。
周辙东，王纲坠。逞干戈，尚游说。始春秋，终战国。五霸强，七雄出。
嬴秦氏，始兼并。传二世，楚汉争。高祖兴，汉业建。至孝平，王莽篡。
光武兴，为东汉。四百年，终于献。魏蜀吴，争汉鼎。号三国，迄两晋。
宋齐继，梁陈承。为南朝，都金陵。北元魏，分东西。宇文周，与高齐。
迨至隋，一土宇。不再传，失统绪。唐高祖，起义师。除隋乱，创国基。
二十传，三百载。梁灭之，国乃改。梁唐晋，及汉周。称五代，皆有由。
炎宋兴，受周禅。十八传，南北混。辽与金，皆称帝。元灭金，绝宋世。
舆图广，超前代。九十载，国祚废。太祖兴，国大明。号洪武，都金陵。
迨成祖，迁燕京。十六世，至崇祯。权阉肆，寇如林。李闯出，神器焚。
清世祖，膺景命。靖四方，克大定。由康雍，历乾嘉。民安富，治绩夸。
道咸间，变乱起。始英法，扰都鄙。同光后，宣统弱。传九帝，满清殁。
革命兴，废帝制。立宪法，建民国。古今史，全在兹。载治乱，知兴衰。
史虽繁，读有次。史记一，汉书二。后汉三，国志四。兼证经，参通鉴。
读史者，考实录。通古今，若亲目。口而诵，心而惟。朝于斯，夕于斯。
昔仲尼，师项橐。古圣贤，尚勤学。赵中令，读鲁论。彼既仕，学且勤。
彼蒲编，削竹简。彼无书，且知勉。头悬梁，锥刺股。彼不教，自勤苦。
如囊萤，如映雪。家虽贫，学不辍。如负薪，如挂角。身虽劳，犹苦卓。
苏老泉，二十七。始发愤，读书籍。彼既老，犹悔迟。尔小生，宜早思。
若梁灏，八十二。对大廷，魁多士。彼既成，众称异。尔小生，宜立志。
莹八岁，能咏诗。泌七岁，能赋棋。彼颖悟，人称奇。尔幼学，当效之。
蔡文姬，能辨琴。谢道韫，能咏吟。彼女子，且聪敏。尔男子，当自警。
唐刘晏，方七岁。举神童，作正字。彼虽幼，身已仕。尔幼学，勉而致。
有为者，亦若是。犬守夜，鸡司晨。苟不学，曷为人？蚕吐丝，蜂酿蜜。
人不学，不如物。幼而学，壮而行。上致君，下泽民。扬名声，显父母。
光于前，裕于后。人遗子，金满籯。我教子，惟一经。勤有功，戏无益。
戒之哉，宜勉力。

附录九　中国传统节日

1.元旦

每年公历1月1日,是我国人民传统的新年——元旦。"元"即开始,第一;"旦"即是早晨,一天。"元旦"就是一年的开始、一年的第一天,是一年中第一个美好的节日。"元旦"这一名称,据说起自于传说中三皇五帝时期,当时以农历正月为元,初一为元旦。辛亥革命后,我国把农历正月初一改称为春节,把公历1月1日称为新年,不称元旦。直到1949年9月27日,中国人民政治协商会议第一届全体会议通过使用"公元纪年法",将公历1月1日正式定为"元旦"。

每当元旦到来之际,家家户户、亲朋好友欢聚一堂,共同庆贺。节日前夕,许多人有购买或赠送贺年片和挂历的习惯。过去,贺年片大都是梅花笼纸裁切的,一般二寸宽、三寸长,下端分别写着受片人和贺者的名字。而挂历最早称为"灶画",是过小年时(农历腊月二十四)专门贴在灶头上的,后来被称作年历画片,它是一种日历与画相结合的美术品,深受中国百姓的欢迎。

2.春节

农历正月初一,是我国汉族和许多少数民族的共同节日——春节。在中国民间,它是古老而又最为隆重的节日。当时间滑过农历腊月三十午夜12点时,春节就来临了。在古代,这是一年的第一个早晨,所以也称"元旦",或叫"元辰"、"元朔"、"朔日"等。辛亥革命后,才将正月初一改称春节,俗称"年初一"。传说"年"原是太古时候一种凶猛的怪兽,每到寒冬将尽、新年快到之时,就要出来找食甚至吃人。人们为了防御它,一到此时,便聚在一起,燃起篝火,投入一根根竹子,使其发出噼噼啪啪的爆裂声,把"年"吓跑,平安无事,于是大家便高兴地相互祝贺,以丰盛的食物聚餐。这样年复一年,便形成了一个欢乐的节日,称之为"过年"。

还有一种传说,"年"有谷物成熟的意思,《谷梁传》说"五谷皆熟为年,五谷大熟为大有年",甲骨文中的"年"字是果实丰收的形象,可见"年"原是预祝丰收喜庆的日子。久而久之,农历新年便成为我国民间的重要节日。

从过去的"年"到现在的春节,几千年来形成了许许多多的风俗习惯。其中有带有封建迷信色彩的部分,诸如祭神敬天之类,但更有一些富有生活情趣和积极意义的传统节日习俗,像除夕守岁、贴春联、贴年画、舞龙、舞狮、吃年糕、吃饺子等,至今仍在盛行。

3.元宵节

农历正月十五是我国民间传统的元宵节。根据我国民间传统的习俗,在一年开始,大地回春的第一个月圆之日,家家户户亲人相聚,共同欢庆,因而这一天也叫"上元节",又称"元宵节"或"灯节"。

"元宵节"一名的由来,是因为人们在这天要吃元宵,即汤圆。各地制作的元宵,虽风味各异,但均带有团圆的寓意,为广大群众所喜爱。元宵之夜,除吃元宵外,最大特征之一就张灯结彩。这一夜,人们喜欢燃灯和观灯,因而元宵节也称"灯节"。

据载,元宵观灯的习俗始于汉代,以后一直成为我国人民喜闻乐见的活动之一。现在许多地方元宵节灯会仍很盛行,而如今灯展,更是百花齐放、争奇斗妍。另外,还有不少地方,设有灯谜会,具有民族特色并充满生活情趣。

4.清明节

"清明"这一名称,最早的文字记载见于汉代,是我国二十四节气之一,常在每年公历4月5日前后。旧俗在清明前一天(有说前两天),应当禁火寒食。这一风俗,据说是为了纪念春秋时的晋文公的贤臣介子推。

介子推曾在晋文公重耳落难之际鼎力相救,后晋文公为国君,欲奖赏介子推,但介子推拒绝了,和其母隐居到绵山(今山西省休县东南)。晋文公再次请介子推出山为官遭拒绝后,便放火焚山逼他下山,然而介子推宁死不从,结果与老母抱树一同烧死。事后晋文公万分悲痛,决定将他们母子安葬在绵山,改绵山为介山,并下令以后每年到介子推的忌日,也就是清明前一天,全国禁止烟火,家家吃干粮、冷饭、喝凉水,以示纪念。这一天,后来就叫寒食节或禁烟节。当时,清明节前后,晋国百姓家家门上挂柳枝,人人携带食物上山为介子推扫墓、祭祀,以表示对介子推的怀念之情。这些风俗很快传到了其他各国,清明扫墓活动习俗就这样得到了沿袭。

清明期间,严冬已经过去,冰雪将要融尽,气候转暖,草木茂盛,春意盎然,人们三五成群到野外郊游、踏青,因而"清明节"又有踏青节之称。此外,民间还盛行放风筝、荡秋千、踢足球、打马球等活动。

5.端午节

农历五月初五,是我国民间传统的端午节。端午节又有重午节、端阳节之称。"端"是开始,它和"初"字的意思一样,而农历的正月是"建寅"月,按地支顺序推算,五月正是"午月",古人也常把五日写成"午日"。"端"字既与"初"字一样,"初五"也就可以写成"端午"了。再由于"午月"和"午日"的两个"午"字重复,所以又叫"重午"。又因为古人把"午时"当作"阳辰",于是"端午"也可说成"端阳"。

在我国传统习俗中,这一节日是纪念战国时期伟大爱国诗人屈原的。相传屈原于五月初五这天在湖南汨罗江抱石投水自沉而死。不过据古籍记载,这节日起初与屈原并无关系。西汉戴德《大戴礼》中:"五月五日,蓄兰为沐浴。"屈原《楚辞》中也有"浴兰汤兮沐芳华"的诗句。这说明端午节的一些活动,早在屈原逝世之前,就已流行在民间了,但屈原的忌日是在五月初五的前后几天,后人利用这个日子来纪念他,也表明了人民对于他的爱戴。

屈原投江后,当地百姓纷纷划舟冲进波涛,跳入激流,打捞屈原遗体。后来演变成龙舟比赛的习俗活动。

吃粽子,也是端午节的习俗。据史书记载:屈原投江自杀后,楚人哀悼他,不忍心江中鱼等生物咬噬他,以竹筒贮米投于水中祭吊。端午节民间还有在门前挂菖蒲、艾草,饮雄黄酒,衣襟挂香荷包等习俗。

据说,山东端午节为了纪念秃尾巴老李,也有称其没尾巴老李。

6.中秋节

每年的农历八月十五,是我国传统的中秋节。"中秋"二字,最早见于《周礼》,到了唐代中秋节才成为固定的节日。按我国古代历法解释是:农历八月在秋季中间,叫"仲秋";而八月十五又在仲秋之中,所以称"中秋"。定八月十五为节,就名为"中秋节"或"仲秋节"。中秋之夜,皓月当空,月色最美丽。人们把月圆看作团圆的象征,因而也称八月十五为"团圆节"。

在我国,自古就有赏月和祭月之风。在北宋时的京都东京(今河南开封),每逢中秋之夜,人们争上酒楼,以先睹月色为快。帝王有春天祭日、秋天祭月的礼制,民间也有中秋祭月的习俗。祭月一般在月亮升起后进行,在露天设案几,摆上月饼、瓜果等,还有持着"捣药杵的玉兔"。祭拜时,因月属阴,先由女人拜,男人后拜,但也有"男人不拜"的说法。祭月完毕,一家还要吃"团圆酒"、"赏月饭",这天回娘家探亲的女人也必须回来"团圆"。作为祭月最主要的供品是月饼,祭供后由全家分食。月饼象征团圆,反映了人们对一家能够团圆的愿望,所以有些地方也称它为"团圆饼"。据说,月饼在唐代就已出现。

7.重阳节

农历九月初九为我国传统的重阳节。《易经》中把"六"定位阴数,把"九"定位阳数,九月九日,日月并阳,两九相重,故名"重阳",又称"重九"。

重阳节在战国时就已有之,到了汉代逐渐盛行。重阳节的风俗很多,主要有登高、骑射、插茱萸、饮菊花酒和赏菊等。1989 年,我国将重阳节定为老人节,除了健身延年之意外,更重要的是反映了社会对老年人的关心与尊重。每逢重阳节,社会各界人士会以各种方式表达对老年人的敬意。

8. 冬至节

在我国民间,很多地方有过"冬节"的习俗。"冬节"就是"冬至",时间在每年公历的 12 月 22 日或 23 日。每逢冬节之日,都要全家团聚,欢乐饮宴,以示庆贺。一些地区在冬节还有祭拜祖先的习俗。如台湾地区还一直流传着"冬至过大年,唔(不的意思)返无祖宗"的说法,意即外出的人到冬节定要回家拜祖先,否则就是没有祖宗观念。每逢冬节,台湾的民俗是蒸九层糕祭拜祖先。

9. 腊八节

每年农历腊月初八,即"腊八节"。在我国远古时期,"腊"本是一种祭礼,人们在新旧交替时经常用猎获的禽兽来举行大祭,以祈福求寿、避灾迎吉祥。古人又常把祭祀祖先和天地神灵合在一起称为"腊祭",所以就把冬末的十二月叫作"腊月"。腊月初八又称"腊日",用以祭祀祖先和天地神灵,祈求丰收与吉祥。

"腊八"这天也是佛教徒的节日,称为"佛成道节"。据传,佛教创始人释迦牟尼,在得道成佛之前,曾游遍古印度的名山大川,寻求人生的真谛。由于饥饿疲乏,晕倒在地,后被一牧女用各种黏米和糯米混合的粥饭救活,随后,在菩提树下静坐沉思,终于在腊月初八得道成佛。从此每年"腊七"这天,寺院的僧侣都去清洗谷果,洗净器皿,终夜烧煮,为"腊八"施粥做准备。

至今,我国许多地方流传着农历腊月初八喝腊八粥的习俗。

参考文献

[1] (西汉)戴德,戴圣. 礼记[M]. 南昌：江西美术出版社,2012.

[2] 彭林. 礼乐文明与中国文化精神[M]. 北京：中国人民大学出版社,2016.

[3] 彭林. 中华传统礼仪读本[M]. 杭州：浙江文艺出版社,2008.

[4] 青岛关心下一代工作委员会. 青少年礼仪文化读本[M]. 青岛：青岛出版社,
2015.

[5] 王伟. 文明礼仪手册[M]. 青岛：青岛出版社,2006.

[6] 程学轩,樊丽娟. 一生有礼：图解中华传统礼仪[M]. 北京：中华书局,2016.

[7] 金正昆. 交际礼仪[M]. 北京：中国人民大学出版社,2015.

[8] 黄勇. 人生礼俗[M]. 北京：京华出版社,2005.

[9] 舒静庐. 礼仪天下：家庭礼仪[M]. 上海：上海三联书店,2014.

[10] 中国人权发展基金会海外交流委员会. 涉外礼仪[M]. 北京：清华大学出版
社,2007.

[11] 史锋. 职业礼仪[M]. 北京：北京师范大学出版社,2015.

[12] 杨萍,詹荣菊. 现代礼仪[M]. 大连：大连理工大学出版社,2015.

[13] (宋)王应麟,等. 三字经·百家姓·千字文·弟子规·增广贤文[M]. 沈
阳：万卷出版公司,2015.

[14] 金利. 老美常用旅游英语[M]. 北京：水利水电出版社,2015.

[15] 王立浩. 中国传统节日[M]. 北京：北京出版社,2016.

后　记

　　《礼在你身边》一书介绍了礼仪的起源、礼仪的基本原则和作用，以及市民在个人形象、仪表仪态、交通出行、游览购物、人际交往、职场服务、家庭生活、人生礼俗、涉外交往等方面的礼仪知识，引导市民在各个方面进行礼仪规范，促进市民的文明素质和社会现代文明程度提高，营造文明和谐的社会氛围。《礼记·礼器》曰"礼，时为大，顺次之，体次之，宜次之，称次之"，礼仪是人类文明不断继承和发展的结果，有着鲜明的时代特征和一定的历史传承性，讲究礼仪，既要顺应时代的特色，符合大众的基本道德要求，还要针对不同场合、不同身份和不同对象来具体应用。本书期望对中华礼仪"古为今用"有所传承和创新，对西方礼仪"洋为中用"有所借鉴，内容浅显通俗，力求使具备一定阅读能力的市民都可以读得懂、学得会。本书既可以为市民个人学习礼仪提供辅导，也可以为社会团体开展礼仪实践活动提供参考。

　　本书自 2008 年开始编著，历经多次修改删减，编著过程中得到青岛市委宣传部和青岛市社会科学界联合会部分领导、青岛酒店管理职业技术学院部分领导和同事的帮助，在此表示感谢。2016 年在青岛市社会科学界联合会和青岛酒店管理职业技术学院领导的大力支持下，本书稿得以正式立项并由青岛市社会科学界联合会资助出版。本书的策划，写作提纲的修订和完善，文献资料的核实和查阅，内容的编著和修改，书稿的审定、修订和出版，每一个环节都凝结了编者和编辑的心血与汗水。

　　本书由青岛酒店管理职业技术学院礼仪专家谢建宏副教授构思设计提纲、编著、修改、校订和统稿。编著本书得到青岛酒店管理职业技术学院科研处王健、刘淑青，青岛市社会科学界联合会副主席郭芳、科普部负责人李厚恩，中国海洋大学出版社编审李建筑等同志的大力支持和帮助，在此深表谢意。本书由青岛市礼仪学会会长杨萍教授审定并修改润色，漫画配图由《青岛晚报》高级记者、美术编辑，青岛市漫画家协会副主席司海英同志设计绘制。

　　编著本书参阅了大量的文明礼仪文献并得到有关单位的大力协助，在此，向提供文献的个人和相关单位表示衷心的感谢。由于时间仓促，加之编者水平有限,书中难免有失误和不妥的地方,恳请专家、学者、读者不吝赐教,以便以后修订完善。

最后,为本书编著提供帮助的有关单位和个人,参加改稿和审稿的单位和个人以及参考文献的编著者,一并表示诚挚的谢意。

谢建宏

2017 年 6 月